JN124916

呼吸がラクに！　体がラクに！　心がラクに！

クロールがラクに泳げる！

ラクロール

水泳初心者向き

馬場浩希

じゃこめてい出版

「クロールで100mを泳いでください」と言われても、
水泳をほとんどやったことのない人だったら、
途中で息が苦しくなってしまうでしょう。
でも、「100mを歩いてください」と言われたら、
ほとんどの人が苦しくなく歩けますよね。

まるで「**歩くように**」クロールが泳げるようになる、
それが**ラクロール**です。
理想は、アザラシやマナティが水中をゆっくり泳ぐような感覚です。
（イルカじゃないんです笑）

「歩くような感覚で、クロールで長くゆっくり泳ぐ」

この感覚は、私の経験上「水泳初心者」の方が、
早く身につきます。

逆に、ベテランのスイマーは、
今まで習ってきた力を入れるクロールが身についてしまっています。
水泳教室で習う一般的なクロールは、
「体はまっすぐに」、「頭を下げて」
「腕を伸ばす」「足は膝を曲げない」
実はこの基本が、「歩くようにゆっくり泳ぐこと」を妨げている
のです。
でも安心してください。

この本を読めば、だれでもラクに泳げるようになります！

ラクロールの基本は、

「伸ばさない」、「手足に力を入れない」、「頭を下げない」、です。

今まで習っていたクロールが決して間違っているわけではありません。ただ、概念が違うだけです。

陸上でたとえるなら、一般的なクロール（タイムを競うクロール）は、「短距離走」のフォームで、ラクロールは、「正しい姿勢で歩く」フォームという大きな違いがあります。

通常のクロールで「ゆっくり泳ぎましょう」は、「100mをダッシュするような走り方で歩きましょう」と言われているのと同じことなんです。

ラクロールは、筋力もいりません。特別な体力もいりません。

歩ける人なら泳げます。

ウォーキングが体に良いのは皆さんご存知ですが、

ラクロールは、肩が痛い（肩こりがひどい）、首が痛い、

股関節が痛い、腰が痛い、膝が痛い〇脚など、

そんな人にこそ、おすすめです。

重力のない水中で行う運動は、

ウォーキングよりずっと体に負担のかからない

「頑張らなくてもできる」最高のリハビリになります。

誰もが心の底から泳ぐことが楽しくなる、ラクになる。

そんなラクロールをさあ今から始めましょう！

はじめに

　スポーツクラブ専属のインストラクターとして水泳のコーチをしていた時代、私はいつももどかしい気持ちを抱えていました。

　初級、中級、上級の泳力・泳法別のクラス分けしかなく、「肩が痛い人は、こちらのクラスで」というような、どこか体を痛めた人用のクラスがないことでした。

　「お客様にケガをさせるような指導をしてはいけない」というインストラクターの基本原則があります。

　レッスンを受けるお客様の健康状態はそれぞれ違います。泳ぎ方を指導するなかで、プールに入る前まではさほど気にならない程度の痛みや違和感を抱えている人が、レッスン中に痛めてしまうことがあることも考えなくてはなりません。

　しかし、なるべく負荷のかからない泳ぎ方を指導していると、バリバリ泳ぎたい人にとっては不満が残り、「あのコーチは、ちゃんと指導してくれない」という苦情が上がってきたこともありました。

水泳コーチを始めたころは、教科書通りの教え方でたくさんの練習方法を考えていくことが当たり前だと思っていました。

　しかし、教科書通りの指導では、体の柔らかい子どもならできることも、高齢者や関節の固い大人には、難しい動作もあり、健康に良いはずの水泳が逆に体に負担をかけてしまうこともあります。
　そこで本来、体に良いはずの水泳というものを一から見直していくことにしました。

　泳げない人、泳げるけど、どこかに痛みを抱えている人、スポーツを全くやってこなかった人、泳ぐとすぐに苦しくなってしまう人、そんなすべての人たちに泳ぐことが大好きになってもらえる指導を確立していくことで、気がつくと、「個人レッスンを受けたい」という人たちが増えていきました。

　そして、まだ誰もやっていない指導を続けていくうちに、トライアスロンのスクールで水泳のレッスンをする機会を得ることもできました。（別の所で詳しく説明します）

このように、ラクロールは健康目的だけでなく、効率よくラクに泳ぐことが必要とされる競技においても力を発揮します。

　正しい歩き方ができれば、長い距離を体を痛めることなく歩くことができるのと同じように、ラクロールで泳げるようになれば、無理なく健康的に、体力の向上を目指すこともできるのです。

　マスクから解放され、重力から解放され、ゆっくりと気持ち良く水の中を泳ぐことで、日々のストレスから解放されていきます。
　水泳をやっている人ほど若々しい人が多いのは、日常から離れて運動できることが大きな要因ではないでしょうか。

　普段から頑張っているみなさん、どうか頑張らずに泳いでくださいね。

　頑張らないからこそ、泳げるのがラクロール。
　体もこころもラクにして、ラクロールを楽しんでください。

もくじ

第1章

ようこそ！
ラクロールの世界へ！

見た目はクロールだけど、クロールとはぜんぜん違う！
ゆっくり、ラクに泳げるラクロール

ラクちゃん先生のように、
水の中を優雅にゆったり泳いでみましょう♪

馬場コーチと一緒にラクちゃん先生が
ラクロールの泳ぎ方を教えるね。
人間も僕らと同じように、
水中で楽しく泳げるようになるよ！
QRコードの動画も参考にしてみてね！

レッスン 1 クロールとラクロールの違いを知ろう

クロールの泳ぎ方

①姿勢

体全体をまっすぐにし、頭を下げる。

②腕

水面と並行にまっすぐ伸ばす。

水を押し出すように強く最後までしっかりかく。

③足

足を左右交互に強く蹴る。

クロールは、短距離泳

体をまっすぐにすることで、水の抵抗を減らし、腕を指先までピシッと伸ばすことで、遠くへ前へと進むことを目的とした泳法です。

水泳教室で教えられるクロールは、競泳選手が泳ぐスタイルのスピードを重視した泳ぎ方です。

クロールの泳法は、速く泳ぐためには適していますが、体力、筋力、持久力が求められ、基本がわからないままただマネをして無理に泳いでいると体を痛めます。

なんとか泳げるようになっても、長く泳ぐことができなかったり、肩や腰にハリや痛みを伴ってくるでしょう。

競泳の選手は速く泳ぐために
特別な筋トレもしてるんだって。
速く泳ぐって大変なんだね。

レッスン 2 ラクロールの泳ぎ方①

①姿勢

　頭を上げて、お腹だけに力を入れ手足は力を抜いた状態にする。

②腕

　力を抜いた状態で、肩甲骨からグルグルと回す。

　水をかくようなことをしなくてOK。

③足

　歩くときと同じ感覚で足を動かす。

　水を強く蹴らないでOK。

ラクロールは長距離泳

　体を左右にローリングしながら、腕を肩からグルグルと回して、歩くように水を蹴るだけです。

　腕にも足にもできるだけ、力を入れません。

　ローリングによって体が横向きになるので、息継ぎも自然に無理なく行えます。

　推進力は、ローリングでおこなうイメージです。

　散歩ぐらいのペースから、ウォーキング、長距離走のペースくらいまで、無理なく行えます。

　長い距離をラク〜に泳ぐのに適した泳ぎ方が、ラクロールです。

形は似てるけど、
ぜんぜん違うよね！
次のページで
具体的に教えちゃうよ。

ラクロールの泳ぎ方②

　スタートのとき、壁を強く蹴ると全身が伸びてしまいます。初心者の方は、けのびの姿勢で浮力を感じてから泳ぎ始めてください。

「こんなので、本当に進むの?」

　と思うかもしれませんが、ローリングがしっかりできれば、ビックリするほどスイスイと進んでいきます。

　気持ちをラク〜にして、泳いでみてください。

POINT

- 目線は前の手を見るように
- 腕には力を入れず、水を強くかかない
- お腹をへこませるようなイメージで腹筋に力を入れる
- バタ足は歩くような感覚で、水を強く蹴らない
- ローリングは腰から回すことを意識する

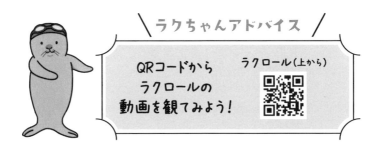

ラクちゃんアドバイス

QRコードから
ラクロールの
動画を観てみよう!

ラクロール(上から)

肩の力を抜いて、腕は下げる
足先も斜め下になるぐらいに脱力

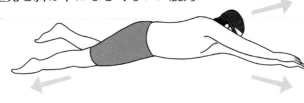

頭を下げない

腕はまっすぐ
伸ばさない

水をかきながら腰を回転させる

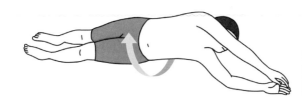

ローリングと
同時に肩から
腕を回す

ゆっくり腰から回して、体全体を真横に向ける

バタ足は
内股ぎみに

ローリングが推進力を生み出す

レッスン 2 ラクロールの泳ぎ方③

　ローリングしながら、腕を下げていきます。

　最初はどうしても、水を強くかこうとしてしまうかもしれませんが、できるだけ力を抜いて肩から回すようにしてください。

　指先を伸ばすと腕に力が入ってしまうので、指にも力を入れないようにしましょう。

　指先を伸ばさないようにすれば自然と力が抜けるので、そのまま腕の力を忘れるぐらい脱力してゆっくり回してみて下さい。

POINT

- 体の力を抜けば、体は沈まない
- 腕が下がるほどラクに泳げる
- 腕は曲げても良い
- ローリングは腰からひねる

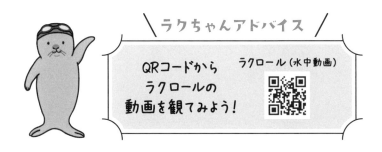

ラクちゃんアドバイス

QRコードから
ラクロールの
動画を観てみよう!

ラクロール(水中動画)

正面

①腕は水面ではなく水中へ

②腕は脱力したまま
　沈めるような感じでOK

③お腹を横に向ける
　腕は脱力したまま

④息継ぎをするときは、
　さらに腕を下げる

レッスン 2 ラクロールの泳ぎ方④

反対側ラクロール

　クロールがある程度泳げる人ほど、息継ぎが片方しかできないという人が多い傾向にありますが、ラクロールの息継ぎは、首を意識的に横に回さなくても自然と顔が横を向くようになります。顔が無理なく水中から出るので、左右どちらも息継ぎがラクにできます。

　ウォーキング程度の運動量なので、リラックスして泳げれば息が上がるようなことはありません。

　リズムよく左右のローリングができれば息継ぎも左右同じように行えます。これができれば、ラクロールの完成です。

POINT

- 反対側の息継ぎが苦手な人は、ローリングで顔が水面から少しでも出たらOK
- 苦しく感じたら無理をせず、息継ぎがしやすい方で呼吸を整える
- 左右で同じローリングができるようにする

＼ ラクちゃんアドバイス ／

苦しく感じたら
無理をしないでね♪

正面

①利き腕は力が入りやすいので
　注意

②腕を自然に回すイメージで

③反対側の息継ぎも
　できるように

④左右が同じ腕の動きに
　なるように

19

レッスン 3 息継ぎの仕方

　息継ぎがうまくできないと、苦しいという気持ちが強くなって、呼吸が浅くなります。そうなると、長く泳ぐことができません。なにより、泳ぐことが苦痛になってしまいます。

　最初から苦しくなるまで泳ぐようなことはせず、息継ぎがうまくできるようになってから、少しずつ距離を延ばしてください。ラクロールの基本動作がしっかりと身につけば、左右どちらも息継ぎがラクになり、長い距離もラクに泳げるようになります。

POINT

- しっかり息を吐くと、自然と腹筋に力が入る
- 鼻で吐けないなら口で吐いてもOK
- 顔が上を向くまでなるべく吐き続ける
- うの口の形で、「う〜」と声を出しながら吐くと、息が吐きやすくなる
- しっかり吐けたら、自然と息をしっかり吸えるようになる

＼ ラクちゃんアドバイス ／

QRコードから
片手ラクロールの動画で、
息継ぎの動作を
観てみよう！

片手ラクロール
（右手回し）

片手ラクロール
（左手回し）

①腕を回しながらぶくぶくとゆっくり息を吐く

「う」の口の形で吐く

②鼻に水が入りそうなら、鼻から息を出す

吐く息の量は、
なるべく一定に

③顔が上を向く間際まで、ぶくぶく息を吐き続ける

④体が完全に横に向いたら、大きく息を吸う

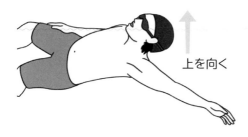

上を向く

慌てて吸わなくても
ラクに吸えます

ラクローラーになるための
大切な心得

- 水中という環境は、日常にはない環境ですので、とにかく水に慣れることが大切です。
- 体調がすぐれないというときは、無理をしないでください。
- ラクロールは、リハビリ効果の高い泳ぎ方ですが、急に痛いところを無理に動かしたりはしないようにしましょう。
- 泳ぎが苦手な人は、まずはアクアビクス＆ウォーキングから、はじめてみましょう。(p76を参照)
- 周りを気にせず、ストイックになりすぎず、リラックスして泳ぎましょう。
- 水泳初心者、水が苦手な人、苦しそうに泳いでいる友人がいたら、「ラクロールっていいよ！」とそっと教えてあげましょう。

\ ラクちゃんアドバイス /

QRコードからラクロールをもっと上手く泳げるようになる
レベルアップ動画を観てみよう！

サイドキック	サイドキック (胸前)	きをつけ片手ラクロール (左手回し)	きをつけ片手ラクロール (右手回し)

第2章

2ステップで
ラクロール

2つの姿勢から、
ラクロールを泳いでみよう！

2ステップのラクロールで
ラクロールの基本姿勢が身につく

簡単な基本姿勢を覚えるだけで、
ラクロールがもっとラク〜に、
泳げるようになるよ〜♪

レッスン 1 ステップ❶ ダルマ浮き

ダルマ浮きの姿勢

　子どもの遊びに思えるこのダルマ浮きですが、正しい姿勢で行えることが水泳の上達につながります。

　誰にでもできるポーズに見えますが、浮力のある水中で行ったとき、左右にぶれたり、抱え込むまえに沈んでしまう場合は、体のバランスが悪かったり、水中でうまく体の力を抜くことができていないということが分かります。

　膝を抱えるときに勢いで上げようとせず、腹筋を使うようにすると安定します。また右側のイラスト（間違った姿勢）のように、腰が反った状態では、腰を痛めます。

POINT

- 膝を抱え込み過ぎず、肩の力を抜く
- 腹筋を使って足を上げる
- 顔は1m先を見る
- 1，2秒の間、姿勢をキープできればOK

＼ ラクちゃんアドバイス ／

力を入れるのは
お腹だけ！

正しい姿勢

①背中ではなく、腰を丸める

②お腹はへこませる

間違った姿勢

どちらも腰が反っているので×

ダルマ浮きからのラクロール

　ダルマ浮きの姿勢がしっかりとキープできていることが大切です。

　左右にブレたり、体が沈んだ状態からでは、気持ちの良いラクロールのスタートになりません。

　しっかり前を向いて浮いている状態が、次の正しい姿勢へとつながります。

　けのびの状態をキープするのではなく、ダルマ浮きをほどきながらローリングを開始し、横向きのけのびの状態になったらラクロールをスタートするとスムーズになります。

POINT

- ダルマ浮きの姿勢を正しく行う
- 膝から手を離し緩やかにローリングをする
- 横向きのけのびも腹筋だけ力を入れ、他は脱力
- 顔は常に前を向く

ラクちゃんアドバイス

QRコードから
「ダルマ浮きからのけのび」の
動画を観てみよう！

ダルマ浮きからのけのび

①1，2秒浮いた状態をキープ

②顔は前を向き両手を前に伸ばして、ローリングを開始

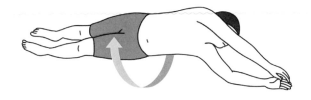

③ラクロールをスタート

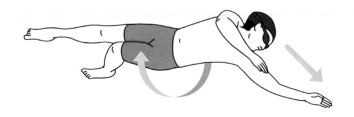

レッスン 2 ステップ❶ けのび浮き

けのび浮きの姿勢

けのびの姿勢で浮くことができれば、ラクロールの姿勢ができています。水泳教室で習うけのびの姿勢は、手足を伸ばした状態が正しい姿勢だと言われますが、ラクロールのけのびは、正反対になります。

腹筋をへこませるように力を入れて、肩、腰、お尻、足には力を入れません。手腕と足に力を入れないことで、自然と腕・足が下がります。体をまっすぐにしようとすると腰が反り、肩や足に力が入ります。そうなると、体は浮きません。

POINT

- 腹筋だけに力を入れる
- 肩・腰・お尻・足に力を入れない
- 足は閉じる
- 顔は1mぐらい先を見る
- 1，2秒の間、姿勢をキープできたらOK

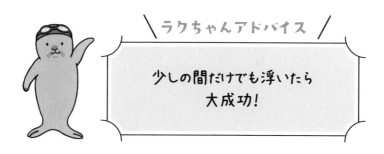

ラクちゃんアドバイス

少しの間だけでも浮いたら
大成功！

①お尻・腰・肩に力は入れない

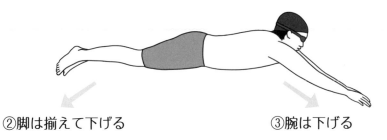

②脚は揃えて下げる　　　　　　③腕は下げる

間違った姿勢

腰が反ることで足も腕も上がる

全身をまっすぐ伸ばすとローリングがしにくい

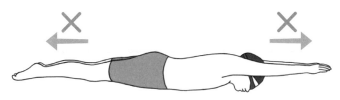

けのび浮きからのラクロール

　筋肉質な人ほどけのび浮きは難しいですが、だからといって、ボディビル選手のような筋肉ムキムキな人でないかぎり、体がすぐに沈むようなことはありません。肺には空気が入っているので、浮き袋と同じ作用で、完全に沈むことはありません。リラックスして、筋肉を硬直させないことが、浮かぶコツです。けのびが上手な人は、泳ぎも上手です。

　ラクロールの基本中の基本の姿勢ですので、腹筋を使って、体のバランスを取りながら、他は脱力できるようにしましょう。少しでも浮くような感覚が得られたら、それでOKです。けのびの状態をキープしてバタ足をやってみましょう。

POINT

- 全身に力が入っていないか？
- 浮こうと意識するあまり、体が伸びていないか？
- 足が下に下がっても慌てないでその状態をキープできているか？

＼ ラクちゃんアドバイス ／

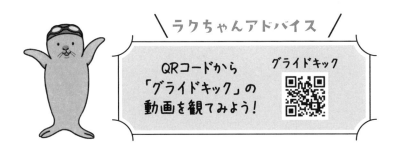

QRコードから「グライドキック」の動画を観てみよう！

グライドキック

①2、3秒浮いた状態をキープ

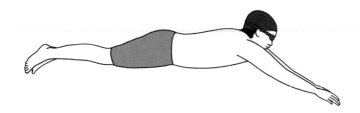

②バタ足と同時にローリングを開始

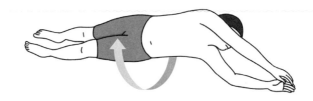

③ラクロールをスタート

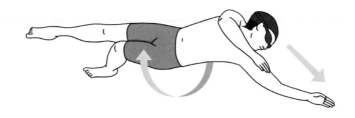

「僕と水泳 その1」

　水泳を始めたのは、3歳からでした。両親に連れられ初めて行った豊島園のプールで、水を怖がることもなく楽しそうに遊んでいた様子見て、「プール好きそうだから水泳を習わせよう」と思ったそうです。

　プール教室では進級テストに合格すると、箱入りのキン消しを父親に買ってもらえるのが励みになり、メキメキ上達していきました。

　しばらく一番上のクラスで楽しく習っていたのですが、ある日、スクールの選手コースができることになり、一番上の僕たちに選手コース応募の手紙が配られました。でも僕は、一通り泳げることに十分満足していて、頑張らないといけない選手コースへは行きたくありませんでした。

　しかし、親からの「いきなさい！」の一言で、しぶしぶ行くことになったのですが、行ってみると、習ったことがないことがまだあることに気づかされ、さらに泳ぎの楽しさを覚え数ヶ月後、選手コースのタイムトライアルに出ることになりました。

　この時、前のクラスでどうしても勝てなかった一学年上の先輩も参加していました。 先輩は、前のクラスでは一人抜き出ていて、下の子達の面倒見が良い兄貴的な存在でした。

　選手コースに行く決心をしたのも、その先輩がいるかもしれないということもありましたが、その先輩は僕が入ったときにはまだおらず、タイムトライアルが始まる時期に入ってきたのでした。

　タイムトライアルの当日まで、「先輩には絶対に勝てないだろう」と思っていましたが、数ヶ月早めに選手コースに入っていたおかげで、泳力が上がっていて勝つことができました。（つづく）

第3章

ストレッチ・ラクロール

簡単なストレッチとラクロールの 基本姿勢が身につく

ストレッチしながら泳げたら、
こんなに体に良い泳ぎ方ってありません。
そんなちょっと変わった、
でもストレッチ効果抜群な泳ぎ方を紹介します。

ストレッチの動作が、
そのままラクロールの正しい姿勢になるよ。
ぜひトライしてみてね!

レッスン 1 ①アゴのせ・キック

　見た目はかわいいポーズですが、このポーズをとることで背中のストレッチになります。

　また、アゴを手にのせることで、顔がしっかりと前を向き、正しい顔の位置を覚えることにもなります。

　アゴを手にのせヒジをしっかりと寄せて、そのままヒジを前方に出すことで背中が気持ちよく伸びていきます。

　ヒジが開くと、腰が反ってしまうので、ヒジは必ず寄せることを意識しましょう。

　アゴをのせながら、バタ足をやってみましょう。

POINT

- ヒジをしっかり寄せる
- ヒジを前方に出す
- 腰が反らないように、ヒジはしっかり寄せる
- 腹筋に力を入れる

＼ ラクちゃんアドバイス ／

かわいいポーズだけど、恥ずかしがらずにやってみよう♪

アゴのせ・キック

正しい姿勢

①ヒジを曲げ、アゴを手にのせバタ足

ヒジを寄せる

②ヒジを前に出し、顔は前を向く

ヒジを前方に

間違った姿勢

ヒジが開くと腰が反る

ヒジを開かない

背中のストレッチ

②アゴのせ・ラクロール

アゴをのせた姿勢から、バタ足を開始します。

アゴをのせたら、ヒジが開いていないか、胸の近くにきていないかを確認しましょう。

スタートからラクロールまでは息継ぎができないので、アゴのせの姿勢に入ったら、すぐにローリングを開始してください。

アゴをのせた状態で、右、左とローリングをします。

左右1回ずつローリングをしたら、下にある手を前方に出してラクロールを開始してください。

POINT

- バタ足開始時にしっかりヒジの位置を確認する
- 左右にローリングしているときもヒジの位置をしっかりキープする
- 下の手を前方に伸ばすとき、目線は伸ばした手を見る

\ ラクちゃんアドバイス /

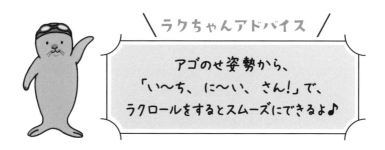

アゴのせ姿勢から、
「い〜ち、に〜い、さん!」で、
ラクロールをするとスムーズにできるよ♪

①アゴのせの姿勢からバタ足スタート

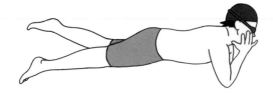

②アゴのせの姿勢で左右に1回ずつローリング

③下がった方の腕を前に出しラクロールをスタート

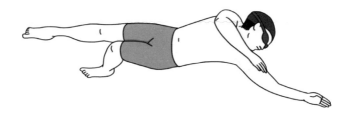

肩・背中のストレッチ

① サークル・キック

　大きな風船を抱えたようなポーズをしてバタ足をします。抱えた状態の腕（サークル）を顔の前に持ってくるようにします。

　右のイラストのように、顔を上げて、顔の前で輪っかにした腕の状態をキープしたまま、ぐっと肩から腕を斜め下に押し下げてください。この状態が、肩と背中のストレッチになります。腕を意識するあまり、腰が反らないように姿勢にも注意を払ってください。

　腕を伸ばそうとすると、輪っかが閉じてしまい肩に力が入ってしまいます。

　腕に力を入れず、背中が伸びるのを感じてください。

POINT

- 大きな風船を抱えるように腕で輪を作る
- 組んだ腕は、あごのラインぐらいをキープ
- 肩から腕を斜めに下げる
- 腰を反らないようにお腹を意識する

╲ ラクちゃんアドバイス ╱

口を広げた
ジンベイザメみたいに
優雅にやってみよう♪

サークル・キック
（正面）

サークル・キック
（横）

正しい姿勢

①顔の前で輪（サークル）をつくりバタ足

ヒジは伸ばさない

②腕を下にさげて肩と背中のストレッチ

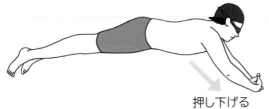

押し下げる

間違った姿勢

肩を上や前に出すと肩に力が入る

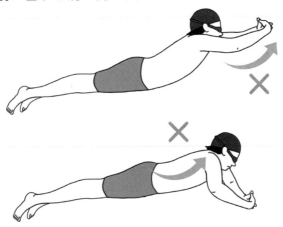

レッスン 2

肩・背中のストレッチ

②サークル・ラクロール

　顔を上げサークルを正しい位置につくってから、バタ足を開始します。

　目線は、軽く組んだ手を見るようにすると良いでしょう。

　腕を斜め下に下げて、しっかりと肩と背中のストレッチを行います。

　肩と背中が伸びるのを感じながら、左右にローリングを開始します。

　ローリング中も同じ姿勢をキープします。

　左右のローリングが終わったら、下にある手を前方に出して、ラクロールを開始してみましょう。

POINT

- ・サークルを正しい位置にしてからスタート
- ・肩から腕を押し下げてストレッチ
- ・ストレッチした状態をキープしながらローリング

＼ ラクちゃんアドバイス ／

腕が前に
伸びないように
注意して♪

サークル・ラクロール
（正面）

サークル・ラクロール
（横）

①顔の前で抱えるような形の輪をつくりバタ足

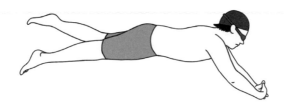

②2～3秒進んだら、ローリングを開始

③そのままラクロールをスタート

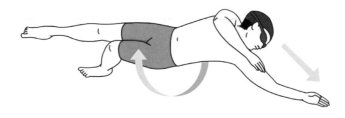

レッスン 3 背中・肩のストレッチ
①クロス・キック

　アゴのせ・ラクロールやサークル・ラクロールより、背中のストレッチ効果が高いのが、このクロス・ラクロールです。

　実際にやってみると難しいこともなく、ストレッチ効果を感じることができます。

　ヒジを曲げずに、しっかり腕を伸ばして、クロスした状態のまま左右に広げるようにすると肩と背中が伸びていきます。

　腕をクロスするとき、アゴのせを思い出して、前を向いてください。右を上にクロスしたら、次は左を上にして、左右バランスよく行いましょう。

　慣れてきたら、左右にローリングを行ってください。

POINT

- ・クロスした腕はヒジを曲げない
- ・クロスして腕を伸ばすとき、指先には力を入れない
- ・顔は前を向く

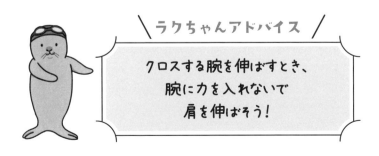

＼ ラクちゃんアドバイス ／

クロスする腕を伸ばすとき、
腕に力を入れないで
肩を伸ばそう！

正しい姿勢

①腕を伸ばした状態でクロスさせバタ足

左右に広げる

②2〜3秒進んだら、ローリングを開始

間違った姿勢

ヒジが曲がると背中のストレッチにならない

背中・肩のストレッチ
②クロス・ラクロール

腕をクロスした状態から、バタ足を開始します。

顔は前を向き、クロスしたままの腕を左右に広げるようにすると肩と背中のストレッチになります。ストレッチの状態のまま、左右にローリングします。

腕をクロスしているとき、ヒジはまっすぐ伸ばします。

手の力は抜いてください。指先を伸ばすと腕全体に力が入ってしまいます。

左右のローリングができたら、クロスした上の腕（アゴ側）は前方に、下の腕（胸側）は水をかく動作になります。

ローリングは、必ず内側の腕からになります。逆になると、水をかく動作ができません。

POINT

- 顔は前を向いて腕をクロスさせる
- 指先の力を抜く
- ローリングは、内側の腕から行う

＼ ラクちゃんアドバイス ／

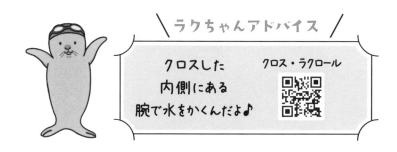

クロスした
内側にある
腕で水をかくんだよ♪

クロス・ラクロール

①クロスした状態からバタ足

②左右にローリング

③クロスした内側の腕を回し、
　反対の腕は前方へ出しラクロールをスタート

レッスン 4 ①エルボー・キック

　ヒジを胸からお腹あたりに持っていくようなイメージで行います。

　肩から二の腕の筋肉が、緩やかに伸びるのを感じてください。

　伸ばそうとするあまり、ヒジを強く引っ張ると頭も一緒に動いてしまいます。

　ヒジを引きつける動きが、ローリングをしやすくします。バタ足をしながら腕を入れ替えて、左右同じように行いましょう。

POINT

- ヒジをしっかり胸に引きつける
- ヒジを勢いよく引っ張りすぎない
- しっかりと前を向く

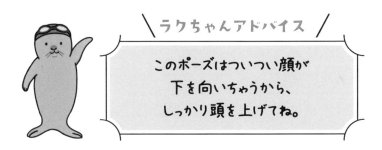

＼ ラクちゃんアドバイス ／

このポーズはついつい顔が
下を向いちゃうから、
しっかり頭を上げてね。

訪江戸 まち歩き　東京観光ガイドブック Vol. I

宮地克昌　著　本体 2000 円　A5 判・並製カラー

健康増進・知的満足なエコツーリズム

「江戸名所図会」、「江戸名所百景」など錦絵や史跡、古文書などの
歴史資料をカラー写真で盛り込み、歴史的な背景も学びながら江戸
庶民が楽しんだ大江戸観光を追体験。

東京を 11 のコース（各コース徒歩約 2 時間半）に分け、史跡や文化財を巡る

　　　　冊

「いしど式」そろばんでまなぶ　はじめての数

たのしい かずのえほん

いしど式　編著　沼田紀代美 監修　oba　絵
本体 1500 円・A4 版変・上製カラー

幼児期から理数脳の基礎をつくる！

かわいい動物や、木、リンゴ、遊び道具などを指で
さしながら一緒に数えたり、数字の書き方も覚えられ、
そろばんの表し方も同時にわかる知育絵本

　　　　冊

インディアンのティーチングストーリー

古井戸に落ちたロバ　　再話 北山耕平　絵 oba

本体 1300 円・B5 判・上製カラー

混迷の時代を強く生きるために―　　　　5 刷
「生きる」ということは、どういうことかを
教えてくれるインディアンのおはなし
アマゾン絵本ランキング 1 位（2012.8.10）

　　　　冊

---

99 歳 ちりつもばあちゃんの幸せの道しるべ

たなか とも 著　　　本体 1000 円・四六判・並製

幸せの見つけ方は、おばあちゃんが教えてくれる

「道なんて一本ちゃうえ。袋小路もあるわいな。
道ない道もあるえ。そやけど、心配せんかてええ。
道なかったら、作ったらええねんー。
作ったらしまいやがな。なあんも、心配せんかてええ」

教えて！ 仏さま

あなたに寄りそう仏さまBOOK

尼僧漫画家 悟東あすか 著　本体 1400 円・A5 変カラ

仏さまの深いやさしさに、ふれてください。
悩み、苦しみ、夢、希望
あなたの「願い」を叶えてくれる2
仏さまの解説、お願いの仕方、

逆転のコミュニケ

こころを育てるアプ
難しさを抱えた
NHA 認定ト
ADHD

日本人が詩歌に託した宇宙への想い

「必死」の花々
世界の偉人たちが語った
死と生についての名句名言

道されたことば 99

美しい天体画像に託した宇宙への想い
星めぐり歳時記
海部宣男　著　本体 1500 円・B6 判・並製カラー

清水哲男 序文　野沢一馬 編著
本体 1300 円・四六判・並製カラー

　　　　冊

　　　　冊

＊お求めは、お近くの書店もしくは小社までご連絡下さい。
※価格は全て税抜きで表示されています。

株式会社 じゃこめてい出版
〒214-0033　神奈川県川崎市多摩区東三田 3－5－19
電話 044－385－2440　FAX044－330－0406
e-mail：office@jakometei.com
　　　　　　　　　　　　　　　　　　　　　ホームページ

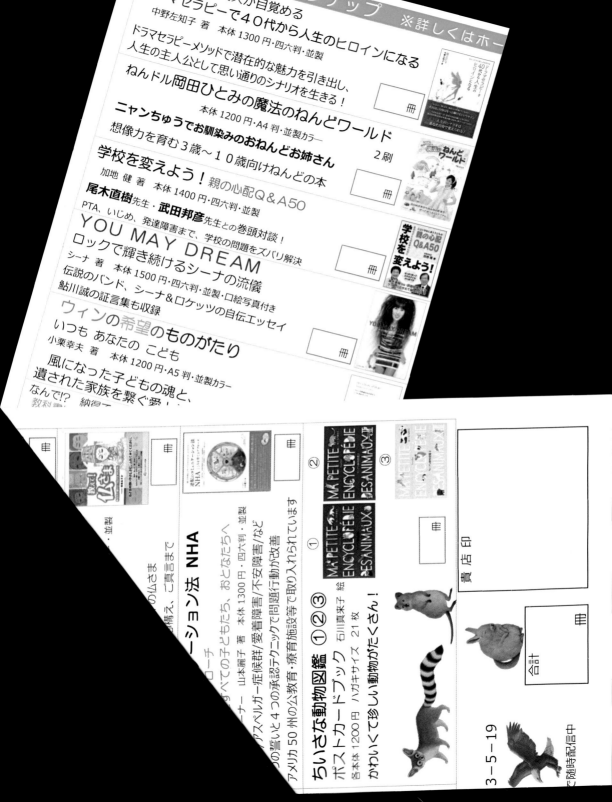

中野左知子 著　本体 1300 円・四六判・並製

ドラマセラピーメソッドで潜在的な魅力を引き出し、
人生の主人公として思い通りのシナリオを生きる！

ねんドル岡田ひとみの魔法のねんどワールド

本体 1200 円・A4 判・並製カラー

ニャンちゅうでお馴染みのおねんどお姉さん
想像力を育む3歳〜10歳向けねんどの本

2刷

学校を変えよう！親の心配Q＆A50

加地 健 著　本体 1400 円・四六判・並製

尾木直樹先生・**武田邦彦**先生との巻頭対談！
PTA、いじめ、発達障害まで、学校の問題をズバリ解決

YOU MAY DREAM
ロックで輝き続けるシーナの流儀

シーナ 著　本体 1500 円・四六判・並製・口絵写真付き

伝説のバンド、シーナ＆ロケッツの自伝エッセイ
鮎川誠の証言集も収録

ウィンの希望のものがたり

小栗幸夫 著　本体 1200 円・A5 判・並製カラー

風になった子どもの魂と、
遺された家族を繋ぐ愛し
なんで!? 納得
教科書

冊

ネーション法 NHA

・並製

ローチ
すべての子どもたち、おとなたちへ
山本壽子 著　本体 1300 円・四六判・並製

アスペルガー症候群 愛着障害/不安障害など
4つの承認テクニックで問題行動が改善
アメリカ 50 州の公教育・療育施設等で取り入れられています

ちいさな動物図鑑 ①②③
ポストカードブック 石川真来子 絵
各本体 1200 円 ハガキサイズ 21 枚

かわいくて珍しい動物がたくさん！

①　②　③

貴店印

合計

3-5-19

随時配信中

冊

冊

冊

冊

（株）じゃこめてい出版
〒214-0033 神奈川県川崎市多摩区東三田
電話 044-385-2440
FAX 044-330-0406
HP http://www.jakometei.com
新刊・イベント情報は Facebook・twitter・ブログが

じゃこめてい出版

アニマル メディスン ブック

北川ひろ 著 佐竹永水桂 絵 本体1200円・A5変・並製

※＜生きるため＞に動物たちが＜なる＞方法
アニマルメディスンとは「ゲンブツ」の知恵
様々な動物から、メッセージを受け取ってください

認知症になる！ 認知症になりたくないためにできること
国際的な医学雑誌「ランセット」で発表された
発表回避方法を12の傷害因子と睡眠の関係

大築万実 著 本体1400円・46判・並製

12の傷害因子＋睡眠・食事・姿勢 そして ストレス

子育てっぷく＜認知症
おばあちゃんが教えてくれた、子育て、孫育て、自分育て

たなか とも 著 本体1200円・四六判・並製

「孫を預かれて、行ってらっしゃい」
ワクワク楽しくて、ほろっと涙…
日々の暮らしの、幸せみつけ。

ごはんのちから こころとからだに

料理上手になるから、ここちよく暮らせる

おいしいごはんが、ここち暮らしを支える、
からだとこころ…、ハクちあいに、
家族の輪の中から、勇気と元気をくれる

＜ホームページをご覧ください。「じゃこめてい出版」で検索＞

運命の人はいくつになっても現れる
恋愛ドラマセラピーで35歳からの
理想の結婚を手に入れる

中野左知子 著 本体1300円・四六判・並製

演劇の手法を取り入れた心理療法を使って結婚を邪魔
する心理的な障害を取り除くことであなたの理想が実現

アマゾン結婚ランキング1位

4刷

小笠原流礼法の子育て
日本の伝統行事から学ぶ十一か月

柴崎直人 著 本体1500円・四六判・並製

小笠原流礼法総師範が教える「躾の極意」
正しい礼儀作法と伝統行事で大和心と身体を養う

2刷

絵本があれば だいじょうぶ！
子育ての悩みは、絵本でぜ～んぶ解決できる！

浜島代志子 著 本体1300円・四六判・並製

[対話式読み聞かせ]で

2刷

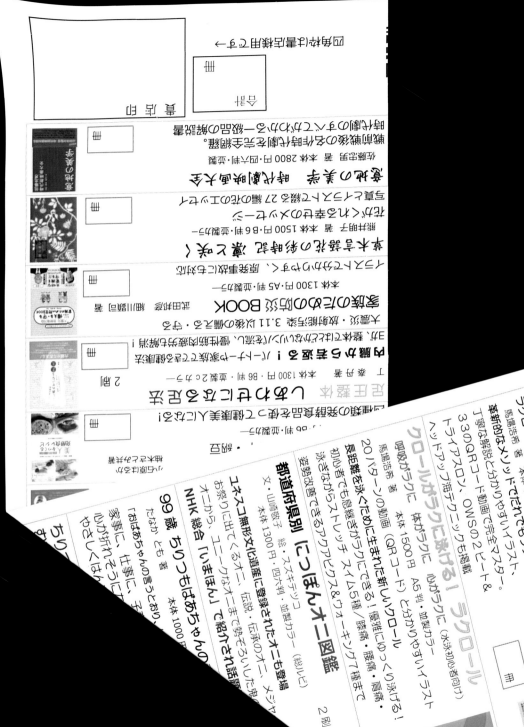

①ヒジを曲げ片方の手で胸に寄せてストレッチ

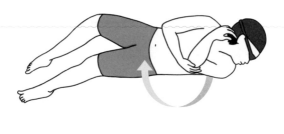

前を見る！

ヒジを胸に引きつける！

横にバタ足！

前方から見た図

②ローリングしながら反対の腕も同じようにストレッチ

レッスン 4 ②エルボー・ラクロール

　ヒジを胸側に引っ張りながらバタ足とローリングを開始します。

　ヒジを引っ張れば、自然とローリングが行えます。

　リズムよく腕を入れ替えて、反対側のローリングも行います。

　右、左を終えたら、左右の腕を前後に伸ばすように、左手を前に出し、右手は後ろにしてラクロールをスタートします。

　ヒジを引っ張ることに集中しすぎると、頭が下がりますので、しっかりと前を向いた状態をキープしてください。

POINT

- ヒジを引っ張りながらローリング
- 反対側は腕を入れ替えて行う
- ストレッチしている腕を前方に、ヒジを抑えている手は後方にしてラクロールスタート

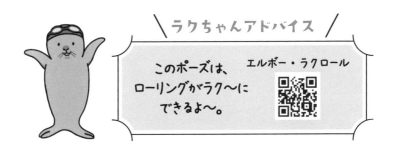

＼ ラクちゃんアドバイス ／

このポーズは、ローリングがラク〜にできるよ〜。

エルボー・ラクロール

①ヒジを曲げストレッチしながらバタ足とローリング

②反対の腕に替えながらローリング

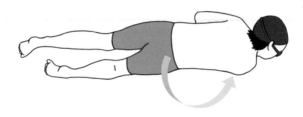

③曲げた腕を前にしてラクロール

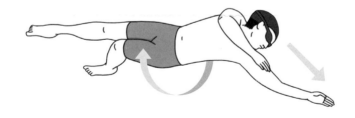

レッスン 5 肩・胸のストレッチ ①ヒッププッシュ・キック

　ちょっと面白いポーズの泳ぎ方ですが、反り腰やお尻が出てしまう姿勢の人には、うってつけのストレッチスイムです。反り腰や出っ尻は、腰を痛め、足がつる原因になります。バタ足をしながら、腰を押すことで姿勢を矯正し、胸を開くストレッチになります。

　しっかりと腰を押すことで、胸の筋肉も伸びていきます。

　手に意識がいくと、頭が下がりますので、しっかり前を見ましょう。

　バタ足をしながら腰を押すことが難しい人は、水中で立って行ってください。

　感覚がつかめてきたら、バタ足でトライしてください。

POINT

- しっかりと腰を両手で押す
- お尻に力を入れない
- 押しながら胸を開く
- バタ足からが難しい人は、立ってやってもOK

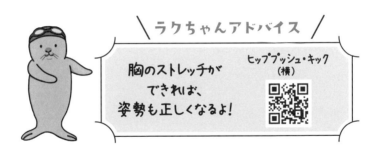

＼ ラクちゃんアドバイス ／

胸のストレッチができれば、姿勢も正しくなるよ！

ヒッププッシュ・キック（横）

正しい姿勢

①バタ足をしながら、腰を押して腰が反らないようにする

前を見る

胸を開く

下に蹴る

②バタ足をしながらできない人は、
　立って腰を押すことで姿勢を覚えましょう

ポイント

• お腹を突き出さない
• 胸を反らない
• アゴを上げる

間違った姿勢

お尻に力を入れるとなりやすい

反り腰！

出っ尻！

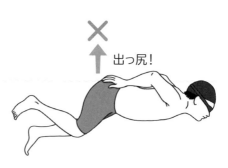

肩・胸のストレッチ
②ヒッププッシュ・ラクロール

　腰をしっかり押しながら胸を開き、バタ足からスタートします。

　腰を押す意識が強くなると、お尻に力が入ったり、足が沈まないようにバタ足を強く蹴ろうとしてしまうので、お尻に力を入れず、バタ足は下に蹴るイメージで行ってください。

　お尻に力が入ると反り腰になりやすいです。

　バタ足をしながら、腰を押し胸を開くストレッチを1～3秒つづけたら、ローリングしラクロールをスタートしてください。

　姿勢が良くなれば、ラクにスムーズに泳ぐことができます。

POINT

- ・反り腰・出っ尻になっていないか
- ・バタ足を蹴り上げていないか
- ・頭が上がりすぎたり、下がりすぎたりしていないか

╲ ラクちゃんアドバイス ╱

お尻に力を
入れなければ、
バタ足も
蹴りすぎなくなるよ♪

ヒッププッシュ・ラクロール
（正面）

ヒッププッシュ・ラクロール
（横）

①バタ足をしながら腰を押す

②1～2秒進んだら姿勢をキープしローリング

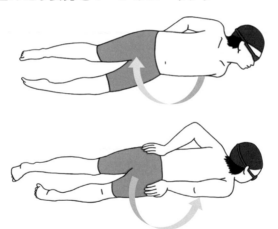

③そのままラクロールへ

「僕と水泳 その2」

　トライアル前は、年齢や体格が上の人には何をやっても勝てないと思い込んでいましたが、勝つことで価値観がガラっと変わり、この経験を期に、楽しく泳ぐ以上に、一気に水泳にのめり込むようになりました。

　選手としての泳ぎが上達する楽しみと、この情熱を注ぎ込む指導者の役割って凄いと子どもながらに思い、中学生の時には漠然と水泳コーチになってみたい！と思うようになりました。

　高校の水泳部では、厳しい練習をいかにラクできるか（サボれるか）を考えつつ、でも選手としては速くは泳ぎたい！と、この辺から少しずつ今の「ラクに泳ぐ！」という頭になっていきました。高校3年生の進路時期には、水泳指導を専門的に勉強しながら実践もしたいと思い、両親や先生には大学進学を勧められましたが2年制の専門学校（東京健康科学専門学校）に入学しました。

　スポーツクラブで水泳のコーチのアルバイトをしながら、専門学校の図書室にあった水泳の本を片っ端から読むなど、アルバイト（実践）と座学と、水泳に没頭しました。この時代は、教科書をベースに学んだ知識を応用した練習方法を考え、自分の引き出しを増やしていきました。卒業後は、アルバイト先が就職先となり数年勤め、ステップアップとして入った二つ目の会社で、教科書通りの水泳指導に疑問が少しずつ生まれてきました。

　「体をまっすぐに」という教科書通りの練習ができない高齢者や関節が固い・痛めている人などは、その姿勢だけでも、体に大きな負担になります。痛みをともなうようなことを教える行為は、指導者として失格です。

　指導者は、「体に悪いことを教えてはならない。良いことだけを教える」ということが大前提にあるからです。（つづく）

第4章

呼吸

「水泳の呼吸」が
できるようになろう！

水泳が苦手な人の多くは息継ぎ（呼吸）が
上手にできていません。
水泳で大切な呼吸の仕方を
詳しく解説していきます。

とっても大切な呼吸！
呼吸がちゃんとできれば、
なが〜くラク〜に泳げちゃうよ〜♪

レッスン 1 水泳の呼吸とは？

　陸上と水泳の大きな違いの一つとして、呼吸の仕方があります。普段の生活では、鼻で呼吸していますね。軽い運動でも、鼻から吸って口から出すことを無意識にできます。意識的に行う深呼吸も、基本的に鼻から吸って口から出します。

　しかし、水泳では呼吸の仕方が逆になり、口で吸って鼻から出します。これが、水泳が苦手という人の原因の一つになっています。

　泳いでいて、"すぐに呼吸が苦しくなる"という人は、鼻から吐いて口から吸うことがうまくできていないことが原因です。

　呼吸は命に直結するので、無意識にできる動作ですが、水中では、意識して呼吸をしなければなりません。

　水泳初心者にとっては、息ができなくなるという緊張感、ストレスは、とても大きなものになります。

　だからこそ、正しい呼吸（息継ぎ）をするための練習がとても大切なのです。
「息が吸えれば大丈夫」という安易な考え方で練習を続けても長い距離を泳ぐことはできません。

　泳ぎが苦手な人、呼吸がうまくできない人は、正しい呼吸をマスターすることで、緊張感から解放された泳ぎができるようになります。

　といっても、この「正しい呼吸」は難しいことではありません。

　ラクロールは、呼吸もラクにできるので、息継ぎが苦手な人は、ぜひリラックスして読んでください。

レッスン 2　ラクロールの「深呼吸」その❶

　先ほどにも書いたように、通常の深呼吸は、鼻で吸って口で吐きます。しかし、あたりまえですが、水泳で鼻から吸って口で吐くと鼻に水が入るので、鼻から吐いて口から吸わないといけません。

　このトレーニングをどこでも簡単にできる方法があります。「鼻から吐いて口から吸う」これを深呼吸でやってみてください。ゆっくり鼻から吐いて、同じようにゆっくり口から吸う。鼻からも口からも同じ息の量にすることがポイントです。できるだけ、泳いでるイメージで行ってみてください。大切なのは、しっかりと息を吐くことです。しっかり息を吐くことで、自然と口からたくさん吸えます。苦しくなるかもしれないと、息を吸うことばかりに集中すると、十分に息を吐くことができず、結果として呼吸が浅くなり、息が苦しくなります。繰り返しますが、しっかりと息を吐くことを意識してみましょう。それだけで、苦しくなくなります。

深呼吸の仕方

最後まで吐ききる

全身にいきわたるイメージで

ラクロールの「深呼吸」 その❷

　では次に、ラクロールの深呼吸を具体的に説明します。

　ここでちょっと、深呼吸をしてみてください。

「吸って〜、吐いて〜」

　呼吸が止まるのは、吸うときと吐くときのほんの一瞬だけですよね。吐くときに、途中で呼吸を止める人はいません。

　でも、泳いでいるとき息をほとんど止めて、息継ぎの直前だけ息を吐くことをしていませんか？

　もうお気づきだと思いますが、「ラクロールの深呼吸」というのは、「顔を上げて息を吸う直前までしっかりと吐き続ける」これが大切なのです。

　なぜ "水中で息を止めずに吐き続けることが大切なのか" ですが、たとえるなら、ウォーキングをしているときに、途中で息を止める呼吸にはならないでしょう。

　ラクロールも同じように、ゆっくり泳ぎながら苦しくならない呼吸をするために、吐く息を途中で止めない深呼吸が大切なのです。

「ラクロールの息継ぎは、しっかり息を吐くこと」

　これを頭に入れて、息継ぎの練習をしてみましょう。

　次に、もう少し詳しく呼吸について解説します。

レッスン 3 ラクロールの呼吸で 使う筋肉

　ちょっと難しい話になるかもしれませんが、これを知っておくとさらに呼吸がラクに行えます。

「息を 吸うときは、背中の筋肉を使う」
「息を吐くときは、胸の筋肉を使う」

　泳いでいてすぐに息が苦しくなる原因は、"呼吸が浅い"からです。呼吸が浅くなる人は大抵、体を使う呼吸ができていません。

　浅い呼吸とは、息を吸うときに、口を広げて口の中だけに空気を入れていたり、吐くときは、口の中の空気だけを出したりすることです。これは、息継ぎの動作だけになっている状態です。

　体を使った呼吸とは、背中と胸の筋肉を使って息を吸ったり吐いたりする呼吸になります。

　背中と胸が膨らむのを意識して息を吸い、胸の筋肉を使って、息を吐き出しましょう。

　浅い呼吸では、呼吸で得られるエネルギーを全身に送り込むことができません。

　呼吸が浅い人は、呼吸循環、体液循環が悪くなり、筋肉、関節、血液など、体のさまざまな不調の原因となる可能性があります。

　ラクロールの深呼吸を使って泳ぐことで、全身に呼吸エネルギーがいきわたり、体の不調が取り除かれていきます。

　ラクロールを泳げば泳ぐほど、どんどん健康になっていくことを実感できます。

レッスン 4 ラクロールの息継ぎ

「水泳が苦手なんです」という人に話を聞くと、ほとんどの人が、「息継ぎがうまくできない」、「息継ぎが苦しい」という話をされます。

では、息継ぎがうまくできない原因とは、なんでしょうか?

私は多くの息継ぎができない人を指導してきましたが、そこには一つの共通点があることがわかりました。

それは、首を動かして息継ぎをしている（右頁・悪い例）からです。

これを聞いて「えっ?」と、思う人がいるかもしれませんが、実は息継ぎは腰でするのです。

ラクロールの息継ぎは、腰を水平から垂直にすることで、首を動かすことなく口が水面に出ます。

水面から垂直になるまで回転させることで推進力もうまれ、クロールの手を回す動作もしやすくなります。

ラクロールの基本であるローリングができれば、息継ぎは簡単にできると覚えてください。

ローリングで体が横に向けば、首を横に動かすことなく水面に口が出るので、息を吸おうと首を回したり、伸ばした腕に耳をつけて横を向く動作をしなくても息継ぎができます。

腕は水面より斜め下にあっても、頭は沈みません。

息継ぎがうまくできない人は、息を吸うときに頭を上げ、上体が立ってしまい体重が下にかかり、体が沈んでしまいます。

顔が水中にあるときは、ゆっくりと十分に息を吐いてください。十分に吐けば、自然に息を吸えるようになります。

息をたくさん吐いても、お腹以外の力が抜けていれば、体が沈むことはありません。

ラクロールの息継ぎ

体を横にローリングすると
息継ぎがラクにできる

息継ぎがうまくできない人の特徴

頭を上げると体が沈む

呼吸の3大ポイント

❶ 水中では鼻で吐いて口で吸う
❷ 吸うよりもしっかり吐く
❸ 息継ぎは首を回さず腰でする

呼吸がラクだと、
水泳が楽しくなるよ!
ラクロールの息継ぎで、
楽しく泳ごう♪

「僕と水泳 その3」

　指導の大前提を守るため、体を痛めない泳ぎ方を教えるようになりました。しかし、当時はその指導法を理解してくれる人は少なく、逆に指導ができないと思われ評価が下がり、上司・同僚には教え方がおかしいとも言われることがありました。

　しかし、僕のレッスンでお客様が上達していくことで理解者が増え、その結果責任者に昇進し部下の育成にも携わり、この会社では全てをやりきりました。

　3つ目の会社では、さらにラクに泳ぐことを目指す過程で他の業務に忙殺され指導に全く集中できなくなりました。そんな僕を見かねたのか、当時お付き合いしていたフリーランスでヨガのインストラクターをしていた彼女（現在の妻）に、「そんなに指導歴があるのに、まだ雇われてやるの？」と言われ、自分も個人事業主としてやっていく決意を固めました。

　今ではフリーの水泳インストラクターも増えてきましたが、当時は「そんな人がいるの？」という世の中での独立でした。しかし、僕のレッスンを受けた人から、「トライアスロンの初心者スイム指導をしてほしい」と声をかけてもらい、そこからラクロールの道が拓けていきました。不安もありましたが、様々なクラブと業務契約を結ぶことができ、クラブレッスンでは、マスターズクラスのようなハードに泳ぐクラスや、「水が怖いです..」という初心者クラス、クロール以外の背泳ぎ・平泳ぎ・バタフライも教えていきました。

　それに伴い、水泳指導者の資格取得や講習会に数多く参加し、技術確認とさらなる向上に努めました。さらに、運動目的や対象に応じたプログラミングおよび指導法を学び、体に障がいがある人へのアプローチや考え方を深め、「痛みがある人は、○○をしましょう」ではなく、「どんな人でも、はじめからこのようにしてください」という、ラクロールの指導法が芽生えていきました。（つづく）

第5章

リハビリスイム・ラクロール

体がラクに！　痛みがラクに！

あなたの泳ぎ方は体を痛めていませんか？

無理な体の使い方をしていると痛める原因になります。
健康目的で始めた水泳で、
かえって体に負担をかけてしまわないように、
正しい姿勢を覚えましょう。

泳いで体を痛めるなんて、
そんな残念なことってないよね。
体を痛めない泳ぎ方を
ここから一緒に学んでいくよ♪

レッスン 1 クロールと
　　　　ラクロールの姿勢の違い

　右ページを見てもらうと一目瞭然ですが、一般的に教わる
クロールとラクロールの姿勢は、大きく違います。

　一般的なクロールは、体をまっすぐにすることが正しい姿
勢だとされていて、初心者の人は特にですが、その姿勢を意
識するあまり、全身に力が入り腰が反りやすくなります。

　腰が反った状態のまま泳ぎ続けると、腰を痛めることにな
ります。

　さらに、腕をまっすぐ遠くへと伸ばすクロールは、肩に力
が入り、肩を痛めることになります。

　バタ足は強く蹴ろうとしてまっすぐ伸ばして行うと、ふく
らはぎと足の裏に力が入り、足がつる原因になります。

　ラクロールは、お腹だけに力を入れて他はいっさい力を入
れないクロールなので、首・肩・腰・足に負担がかかりません。

　長く泳いでも疲れない、痛めない、ラクに気持ち良く泳ぐ
ことができるのです。

泳ぎながらどこに力が
　　入っているのか
　　確認してみて。

クロールの姿勢

体をまっすぐ伸ばすと、首痛・肩痛・腰痛・足つりの原因になる

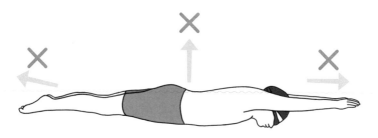

ラクロールの姿勢

腹筋だけ力を入れ、首・肩・背中・足に力を入れない
頭を上げ、手足は下に下げる

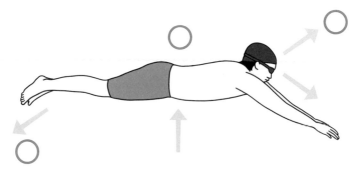

リハビリスイムとは

　長年水泳に携わっていると、水泳をやっていて体を痛めてしまった人がいるという話をよく耳にします。

　上手くなりたい一心で練習して、体を痛めてしまうのは、とても残念なことです。

　私の経験上、競泳の泳ぎをいくらやっても、リハビリの効果はありません。逆に、余計に痛めてしまうか、痛みをかばう泳ぎをして、他に痛みが出てきてしまいます。

　なぜなら、競泳と同じフォームのクロールは、筋肉をたくさん使う泳ぎ方なので、力を抜こうとしてもどうしても力が入りやすくなるからです。

　重力の負荷がかからない水中で体の力を抜いて泳げれば、これ以上のリハビリはありません。

　無理のない動作を浮力と水圧の負荷がかかる水中で行うことが、痛めた部分のリハビリには一番効果的です。

　では次に、どうして泳ぐことで肩や腰を痛めてしまうのかということについて説明していきます。

　水泳を習っていた人にとっては、思い当ることが多いと思います。まずは思い当るところから、改善していきましょう。

体を痛めない
ラクロールなら、
健康増進間違いなしだよ!

レッスン 3 肩を痛める泳ぎ方

　水泳教室で、「手を水面にしましょう」、「腕を思い切り遠くへ伸ばしましょう」そう教えられたことがありませんか?

　水面に浮くだけを考えれば、手は水面になります。しかし、手を水面にして泳ぐと肩に力が入り、痛める原因になります。「伸ばすだけで、どうして?」と思われるかもしれませんが、

　日常的に腕をまっすぐ伸ばして歩く人がいないのと同じで、不自然な動作です。水の抵抗を受けながら力を入れてまっすぐ腕を回す動作は、想像以上に肩に負荷がかかる動作なのです。

手のひらが水面に近く、まっすぐ腕が伸びたクロール

まっすぐなクロールは、
遠く泳げてかっこいいけど、
長く泳ぐのは大変そうだなぁ。

67

肩を痛める泳ぎ方

「しっかり頭を下げて」
　こちらも水泳教室でよく聞く言葉です。
　水面に浮くだけでしたら、頭を下げたほうが良いですが、ラクに泳ぐということになれば、おすすめしません。
　頭を下げると水の抵抗が少なく速く泳げるので、頭を下げることがクロールの基本姿勢として根付いています。
　しかし、頭を下げて泳ぐと首と肩に力が入ってしまい、肩を痛める原因になります。また、下を向いて泳いでいると、前の人とぶつかったりして、危険です。
　初心者は、"しっかり前を見て泳ぐ"ことを意識してください。

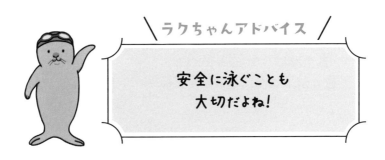

ラクちゃんアドバイス

安全に泳ぐことも
大切だよね！

レッスン 4 肩＋腰＋足を痛める 泳ぎ方

「体をピンとまっすぐにして〜」

　これもみなさんよく聞いたことがある言葉だと思います。

　もうお分かりだと思いますが、指先から足先までまっすぐ伸ばして泳いでも体に良いことは、ほぼありません。

　魚のように速く泳ぎたいのであれば、水の抵抗を少なくするために体をまっすぐにした方が速く泳げますが、人間は魚ではないので、まっすぐな姿勢で泳ぐことは、体を無理に使っていることになります。

　体をまっすぐにする水泳を長年やっている人であれば、筋力も体力もあるので、その泳ぎ方である程度は、長く泳ぐことができるでしょう。

　しかし、水泳初心者や筋力・体力のない人、体のどこかに痛みや不安を抱えている人でしたら、"体をまっすぐ伸ばす姿勢"で泳がないようにしましょう。

体力に自信がない人は
ラクロールがいいよ！

レッスン 5 足つり・O脚になる泳ぎ方

　初心者や、水泳が苦手な人は、バタ足を強く蹴りすぎてしまう傾向があります。

　バタ足を強く蹴ろうとすると、お尻に力が入り、全身の力が抜けません。また、滑らかに蹴ることができないので、推進力が出ません。

　反り腰にもなり、腰を痛める原因にもなります。

　さらに、足も開きやすくなりますが、それをO脚のせいだと錯覚する人もいます。

ガニ股キックは足つりの原因

　「バタ足は、歩くように」が理想ですが、正しいキックができないと、ゆっくり蹴っていても、お尻や太もも裏の大きい筋肉を使ってしまい、足つりを起こしたり、体の力がうまく抜けず、長い距離を泳ぐことができません。

　内股にキックすることで、ふくらはぎ・土踏まず・足の指がつらくなります。膝を曲げてキックすることで、両膝が離れません。

　膝が離れなければ、滑らかなバタ足になります。

　O脚だと思っている人、O脚だから膝の間が離れると思っている人は、膝を伸ばしたバタ足をやめましょう！

　ぜひ、正しいバタ足を身につけてください。習得できれば、足つりやO脚の改善、さらに、腰痛、股関節痛、膝痛、肩こりから解放されます。

POINT 体を痛めない6大ポイント

❶体をまっすぐにしない
❷手をまっすぐ伸ばさない
❸手のひらを水面と並行にしない
❹頭を下げない
❺お尻に力を入れない
❻膝を伸ばしたバタ足をしない

＼ラクちゃんアドバイス／

体をまっすぐにしないという意識だけ
でも、泳ぎ方が変わってくるよ。
そこから、一つずつ自分の泳ぎ方を
確認してみよう。
水泳歴が長い人ほど、
体をまっすぐにしないということが
難しいみたいだけど、
ストレッチ・ラクロールで、
感覚をつかんでね。

レッスン 6 滑らかなバタ足を覚えよう！

ラクロールのバタ足

　息継ぎ（呼吸）の次に難しいのが、実はバタ足です。

　一生懸命に速く進もうと足を水面から出るぐらい強く蹴ってしまう人、片足だけ強く蹴ってしまう人、足が開いてしまう人、バタ足の癖は人によってたくさんあります。

　その原因はいろいろですが、普段の歩き方が悪いとバタ足にも影響します。

　歩き方の癖を見つけるには、普段履いている靴の靴底を見てみましょう。良い歩き方ができている人は、靴底が全体的に減っています。

　外側だけ減っている場合は、つま先が外へ向いているガニ股で歩いている証拠です。特に片側だけ減っている人は要注意、腰痛・膝痛・股関節痛になる歩き方です。

　バタ足が上手になるには、普段の歩き方が大切ですが、ラクロールのバタ足ができるようになれば、歩き方も変わってきます。ラクロールのバタ足は、ひざを内側に入れるようにキックします。

　お尻に力を入れず、太ももの前の筋肉を使って、股関節から動かすようにします。キック中もなるべく両膝が離れないようにしましょう。

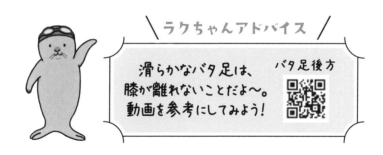

ラクちゃんアドバイス

滑らかなバタ足は、膝が離れないことだよ〜。動画を参考にしてみよう！

バタ足後方

バタ足の仕方

左右同じ力・同じ動作で蹴ることを意識する

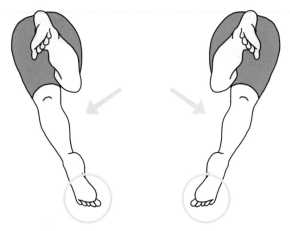

膝を内側に入れると、つま先も内側になる

プールサイドでバタ足の練習をしてみよう！

座ると膝が曲がるので、
お尻には力が入りません。
この状態でバタ足をして、
感覚をつかんでください。

　あるクラブの成人クラスで、個人メドレーを行うクラスを担当することになりました。　個人メドレーは、バタフライ→背泳ぎ→平泳ぎ→クロールを続けて少なくとも100m行います。

　このときの参加者は、クロールと平泳ぎがなんとか泳げるレベルの人ばかりでした。1レッスン45分のなかで、バタフライと背泳ぎを泳げるようにし、なおかつクロールと平泳ぎのフォーム修正と持久力をアップするトレーニングを時間内でやらなければなりません。"基礎無くして発展なし"と、ラクに泳ぐためのフォームを教えていたら、このやり方に参加者もクラブ側もご不満があったようで、「もっと勉強してもらえませんか?」と注意されました。

　どこのクラブ契約でも契約時には、「お客様にケガをさせるような指導はしない」と契約を交わすにもかかわらず、参加者はもとよりクラブ側も、【水泳=速く泳がないといけない】【たくさん泳げば、いずれ泳げるようになる】という考え方がまだまだ圧倒的でした。

　僕の考えは、どんなに流行りのスタイルや方法があっても、参加者の体の痛みにつながる行為をさせては指導者として失格だと思っています。流行りのスタイルで泳ぎたいのであれば、そのための練習方法をコーディネートし、怪我なく安全に泳げるように指導しないといけません。

　「これをやれば、速くなりますよ」は、指導とはけして言えません。

　何事にも基礎があり、正しい組み立てがあり、その都度、修正・改善が必要です。　まずは、ゆっくりラクに泳げないのでは、速く泳ぐことができません。　その考えのもとに地道にレッスンを続けていると、嬉しいことに認めてくれるスポーツクラブや何が大切かを分かってくれるお客様が増えてきました。(つづく)

第 6 章

ラクラク！
アクアビクス＆ウォーキング

運動機能の改善・回復
6つのエクササイズ・バランスチェック

痛みの原因が分かる・ラクに機能改善ができる・スイムの向上につながる
シンプルな動作で、準備運動にも最適です

アクアビクス＆ウォーキングについて

簡単な動きだけど、
やってみると奥が深い水中エクササイズ！
ラクロールの基礎になる動作も身につくよ！

アクアビクス＆ウォーキングについて

　アクアビクスやウォーキングは、自分の体力や運動能力に合わせて無理なく行うことができます。

　また、足腰を痛めずに行える有酸素運動なので、普段まったく運動をしない人、泳ぐのをためらうほどに膝や腰に不安を抱える人や、泳ぐことが怖い人は、このトレーニングからはじめてみましょう。

　実際に行ってみて、ふらついたり、まっすぐ歩けない場合は、普段の姿勢や歩き方が悪いことが分かります。水深の深いところや、膝を曲げて肩まで水に入って行うと、浮力と水圧が強くなるので、難易度がアップします。

　また、となりで激しく泳ぐ人がいると波の影響を受けるので、通過するのを待ってからスタートしてください。まっすぐ進めるかどうかチェックしながら行います。左右どちらにふらつくのか、傾いていないか、左右どちらに曲がってしまうのか、セルフチェックをしてください。

　水中ウォーキングは、バタ足を滑らかにするトレーニングにもなります。

　どの動作も呼吸を意識して行います。呼吸とともに正しい動作ができれば、水中での体の使い方が身につき、スイムの上達につながります。

　初心者は、積極的に取り入れてみてください。

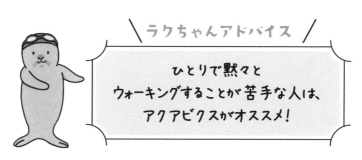

ラクちゃんアドバイス

ひとりで黙々と
ウォーキングすることが苦手な人は、
アクアビクスがオススメ！

POINT アクアビクス＆ウォーキングでの
大切な5大ポイント！

❶背筋をまっすぐに、視線を下げないようにする
❷どの動作でも下腹部を使う
❸立っている足の膝を曲げる
❹床を足で押さず、足を前に出すだけ
❺呼吸を止めない

注意 おしゃべりしながらの
ウォーキングはNG！

NG！ 姿勢が崩れる
NG！ 運動のつもりが体を痛める
NG！ 呼吸が止まったり、不規則になるので燃焼しない
NG！ 体を温めるつもりが体を冷やす

＼ ラクちゃんアドバイス ／

楽しくやるのはとってもいいことだけど、
トレーニング中は真剣にやらないと
効果が出ないよ！

ニーアップ

下腹部を使うももあげ

　できるだけ、肩まで水に入って行いましょう。

　猫背や反り腰にならないように姿勢をまっすぐにし、前を向いてスタートします。

　膝を上げるときは、ヒジを後ろに引きながら、下腹部を使い、できるだけおへその位置まで上げましょう。

　床にある足は、膝を軽く曲げ、ふくらはぎに力を入れないようにします。

　息を吐きながら足を上げていき、足を下したときに息を吸います。上げた足の膝が内側や外側に向いていないか、両足のつま先がまっすぐになっているかも意識してください。

　この運動は、転倒防止に効果的です。

　よく転ぶ・つまずく・滑る、などが起きる人は、足を上げて歩いていません。

　また足を上げるとき、つま先で上げようとすると、ふくらはぎとすねに力が入ります。膝を手で持ち上げるとふくらはぎとすねには力が入らないはずです（ダブルニーアップの片足バージョン）。

　はじめは手で持ち上げても良いので、ニーアップをおへその位置まで上げましょう！

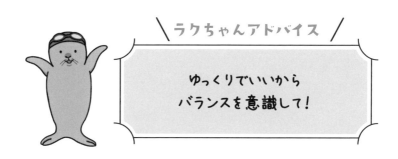

ラクちゃんアドバイス

ゆっくりでいいから
バランスを意識して！

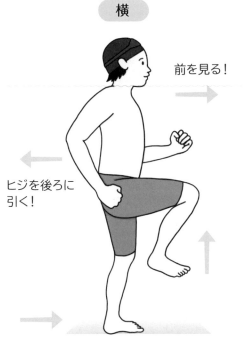

横

前を見る！

ヒジを後ろに
引く！

立っている膝も曲げる！

正面

下腹部でもも上げ！

POINT

動作ポイント
- 姿勢はまっすぐ
- 顔は前を見る
- 腹筋を使って足を上げる

呼吸ポイント
- 膝を上げるときに息を吐く
- 足を入れ替えるときに息を吸う

ダブルニーアップ

下腹部を使う水中バランス

　できるだけ、肩まで水に入って行いましょう。

　水中で両足を上げ、膝を抱えるようなポーズをとります。ニーアップと同じように、下腹部を使い両足を上げます。

　ジャンプをして抱え込まないようにしましょう。

　膝を胸まで抱え上げなくて大丈夫です。太ももがある程度上がれば、膝を途中で抱えてもOKです。

　体が傾いていたり、両足を上げるタイミングがバラバラだと水中でフラフラします。

　また、姿勢が前傾だと体が前につんのめるように倒れ、後傾だとお尻が前に滑るように後ろに倒れてしまいます。

　椅子に座るような姿勢が正しい姿勢（骨盤後傾）になります。背中を丸めるのではなく、腰を丸めましょう。足に力が入ると腰は丸くなりません。

　腹筋を使って両足を上げるときに息を吐き、足を下ろすときに息を吸います。下腹部が縮む動作でゆっくり前に進みます。

　下腹部の腹筋をしっかり使うので、腰痛予防にもなります。

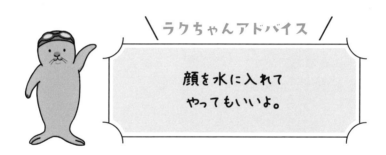

ラクちゃんアドバイス

顔を水に入れて
やってもいいよ。

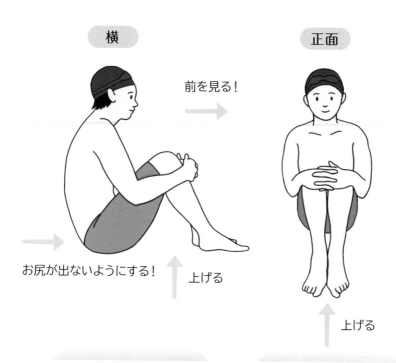

横

正面

前を見る！

お尻が出ないようにする！　上げる

上げる

腹筋を使い足を上げる

POINT

動作ポイント
- ジャンプせず、腹筋を使って両足を上げる
- 太ももが上がるくらいでOK
- 水中でのバランスを意識する

呼吸ポイント
- 膝を抱えるときに息を吐く
- 足が床につくときに息を吸う

レッスン 3 クロスニーアップ

ウエストのひねり

　できるだけ、肩まで水に入って行いましょう。

　下腹部を使い、腰をひねりながら膝を内側に上げ、ゆっくり前に進みます。足首、つま先の力を抜いて、内側にならないようにします。

　腰のひねりを意識しすぎると、頭も一緒に動いてしまいます。

　頭は動かさず前を向いた状態のまま、肩の力を抜き、上半身はリラックスしてゆっくりと前進していきましょう。

　ひねりながら息を吐き、足を入れ替えるときに吸います。

　左右が同じ動きにならないとバランスが崩れ、まっすぐ進めません。

　この運動はかなりウエストを使うので、シェイプアップ効果があります。

　また、腰をひねるとき、おへそが横を向いているとかなり上手にできています。

　はじめは手で膝を横に押し、ひねりを助けても良いでしょう。

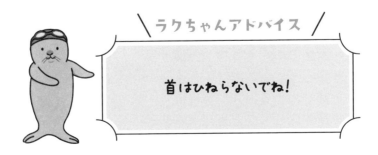

ラクちゃんアドバイス

首はひねらないでね!

82

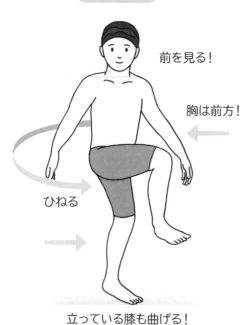

右足正面

前を見る！

胸は前方！

ひねる

立っている膝も曲げる！

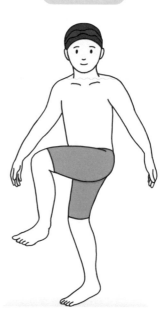

左足正面

POINT

動作ポイント
- 上半身（頭・腕・肩）で体をひねらない
- 下腹部を凹ませながら腰をひねり膝を内側に上げる
- 足の力でひねらない

呼吸ポイント
- ひねるときに息を吐く
- 足を入れ替えるときに息を吸う

レッスン 4 レッグカール

ふくらはぎの脱力ジョギング

　できるだけ、肩まで水に入って行いましょう。

　膝を後ろ側に曲げて前に進む動作になります。

　かかとを上に上げるとき、ふくらはぎの力は抜きます。

　ふくらはぎに力を入れて上げたり、床を強く蹴るとバランスを崩しやすくなります。

　下腹部に力を入れて、重心を前に持っていきます。

　立っている膝が曲がった状態のまま、前に進む足に重心を持っていくようにして、ゆっくりとリズムよく前に進んでいきましょう。

　蹴り足のかかとが上がるときに息を吐き、足を下したときに息を吸います。ジョギングのような感覚で、腕も軽くふってみましょう。

　太ももの後ろ側の筋肉を大きく使う動作になるので、股関節痛の人には、改善効果がある運動です。

　太ももの後ろの筋肉に力を入れすぎて頑張ってしまうと、ラクロールでのバタ足の滑らかさが出なくなるので、あくまでも、太ももの後ろは動かす程度でOKです。

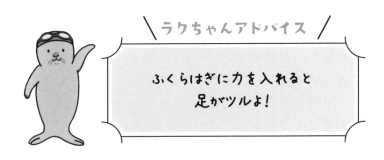

ラクちゃんアドバイス

ふくらはぎに力を入れると
足がツルよ！

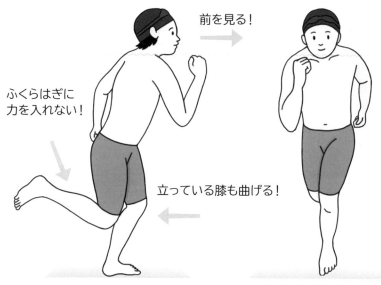

横向き

正面

重心を前に持っていく！

前を見る！

ふくらはぎに
力を入れない！

立っている膝も曲げる！

POINT

動作ポイント
- かかとだけを上げず太ももを後ろに動かす
- ふくらはぎ・足首に力を入れない
- 前の足に重心を持っていく

呼吸ポイント
- かかとが上がるときに息を吐く
- 足を入れ替えるときに息を吸う

フロントキック

足全体のバタ足

できるだけ、肩まで水に入って行いましょう。

まっすぐ前を向き、下腹部に力を入れて、前に蹴り伸ばします。蹴り上げないように注意。

つま先はまっすぐにしますが、足首で蹴らないように膝から下は力を入れません。

腕を軽く前後に振りながら、ゆっくり前に進みます。

左右の足が同じ振り幅とリズムで前に進むようにしましょう。

かなりバタ足の動きに似た動作になります。

①で、膝を上げて（下腹部のトレーニング）、②で、足を伸ばす（ももの前のトレーニング）動作になります。このとき、ふくらはぎやすねの筋肉は使いません。

バタ足の動きに近い動作になりますので、①と②の動作が滑らかにできるように練習しましょう。

ちなみに、足を伸ばしたまま上げるとももの前のトレーニングだけになり、膝を曲げたままだと下腹部のトレーニング（ニーアップ）になります。

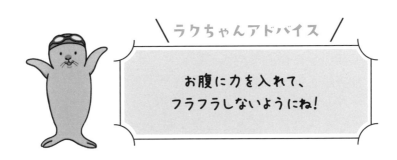

ラクちゃんアドバイス

お腹に力を入れて、
フラフラしないようにね！

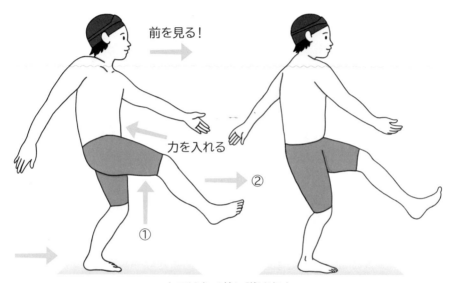

前を見る！

力を入れる

②

①

上ではなく前に蹴り出す

POINT

動作ポイント
- 膝を上げてから膝を伸ばす
- 足首で蹴らない
- 高く上げる必要はない

呼吸ポイント
- 前に蹴り伸ばすときに息を吐く
- 足を入れ替えるときに息を吸う

レッスン 6 クロスキック

全身のねじり

　できるだけ、肩まで水に入って行いましょう。

　顔は正面のままで、上半身と下半身をねじりながら、下腹部に力を入れて、斜め前に足を蹴り出しながら、前に進みます。

　顔は前を向いたまま、肩から腕を斜め前に振ると、上半身のひねりがうまく行えます。

　ゆっくりした動作で良いので、上半身と下半身が同じタイミングでねじれるようにします。左右とも同じ動きになるように意識してください。

　この上半身のひねりと蹴り出す動作がスムーズにできるようになると、ラクロールの体の使い方になります。

　上半身・下半身とバランスよく全身を使うので一番泳ぐ動作に近いウォーキングになります。

　泳ぎは全身運動ですので、腕だけ・足だけ一生懸命に動かして泳いでいる人は、全身運動とは言えません。

　この運動はかなりウエストを使うので、シェイプアップ効果が期待できます。

　シンプルな動きのウォーキングとミックスして、水中で正確に体を動かすことに慣れていきましょう。

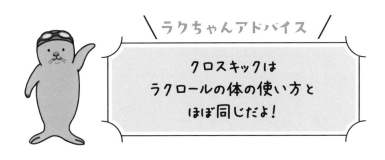

＼ ラクちゃんアドバイス ／

クロスキックは
ラクロールの体の使い方と
ほぼ同じだよ！

正面

横向き

上半身のひねり！

前を見る！

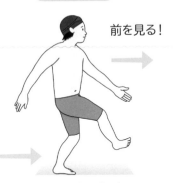

立っている膝も曲げる！

下半身のひねり！

POINT

動作ポイント
- 首・腕の力でひねらない
- 下腹部を凹ませながらひねり、膝を内側に上げ斜めに蹴りだす
- 足の力でひねらない

呼吸ポイント
- ひねるときに息を吐く
- 足を入れ替えるときに息を吸う

プールでわかる
セルフ・バランスチェック

プールの底にある線を使って、
まっすぐ歩けるかどうか確認してみよう！

　まっすぐ泳いでいるはずなのに、コースロープに腕や体のどこかがあたってしまう。

　そんな人は、普段の姿勢や歩き方が、どちらかに傾いている証拠です。

　自分の体のバランスを知るために、まずは、水中でまっすぐ歩けるかをチェックしてみましょう。

　水中歩行をすると、水圧が体全体にかかるため、少しの傾きや足先の向きによって、簡単にバランスが崩れます。

　正しい姿勢から、つま先もまっすぐ前を向いた状態で歩ければ、プールの小さな波ぐらいでは、フラフラしたり左右のどちらかにそれたりはしません。

　ラクに泳ぐためにも、まっすぐ泳ぐことが大切です。体のバランスが悪いとまっすぐ泳げません。

　また右の図のように、つま先の向きによって、息継ぎがうまくできない状態にもなります。

　正しい姿勢、正しい歩き方を意識することで、肩こりや腰痛、膝痛なども改善し、運動機能も向上していきますので、ラクロールを泳ぐ前にぜひ、セルフバランスチェック（p92～97①②③）をして姿勢改善をしていきましょう。

まっすぐ泳げない人の歩き方

線の上に足を揃え、まっすぐ前を見て歩いてみましょう。

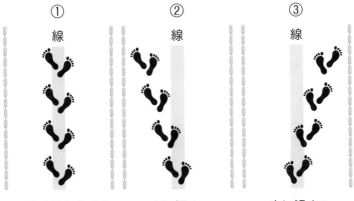

①　つま先が外になる△　　②　左に傾く×　　③　右に傾く×

①左右にぶれる人は、つま先が外向きになっていませんか?

つま先が外向きの人は、バタ足も内股にできず、ローリングもうまくできない。

②左側に傾く人は、左足のつま先だけ外側を向いていませんか?

左のつま先だけ外を向いている人は、息継ぎのとき、右側呼吸ができない人が多い。

③右側に傾く人は、右足のつま先だけ外側を向いていませんか?

右のつま先だけ外を向いている人は、息継ぎのとき、左側呼吸ができない人が多い。

プールの線を使って、まっすぐ歩けるかどうかやってみよう

ニーアップでまっすぐ歩く

リラックスして線の上を歩いてみましょう。

となりで勢いよく泳いでいる人がいたら、通り過ぎるのを待ち、少し離れてから歩きましょう。

多少の波でバランスが崩れるのは、姿勢が悪い証拠です。バランスがとれた歩行ができていれば、体重が軽い人で多少の波があっても少しふらつく程度で、大きく横にそれることはありません。右のイラストのようになっていないか、チェックしてみてください。

チェック

❶右側に揺れる、ずれる、傾く場合

→立っている左足に力が入っている

→前の右膝が外側に向いている

チェック

❷左側に揺れる、ずれる、傾く場合

→立っている右足に力が入っている

→前の左膝が外側に向いている

＼ ラクちゃんアドバイス ／

普段意識しない体のバランスが、水中で歩くとはっきりわかるよ！

①右側に揺れる、ずれる、傾く場合

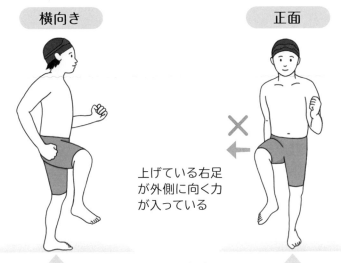

横向き　　　　　　　　正面

上げている右足
が外側に向く力
が入っている

立っている左足に力が入っている

②左側に揺れる、ずれる、傾く場合

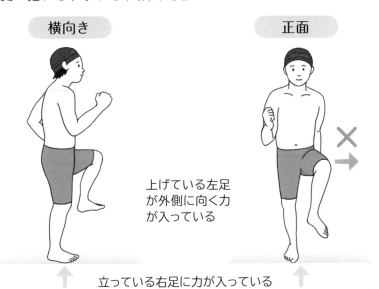

横向き　　　　　　　　正面

上げている左足
が外側に向く力
が入っている

立っている右足に力が入っている

セルフチェック❷

プールの線を使って、まっすぐ歩けるかどうかやってみよう

ツイストでまっすぐ歩く

　線の上に立ち、ツイストの動作をしながら線の上をまっすぐ進めるかどうかチェックします。

　ウエストをひねりながら前に進んでください。頭は動かさず前を向き、両手を横に広げて上半身は正面を向いたままの姿勢を保ちます。

　飛び跳ねたり、お尻を振ったり、頭を左右に振ったりすると、バランスを崩します。

　姿勢をキープして、ウエストをしっかりひねって膝からつま先までを動かします。

チェック

- 線から左右どちらかにずれてしまう
  →左右どちらかがウエストからねじれていない
- 腕が左右に振れてしまう
  →腕の力でツイストしている
- 体が前に傾いてしまう
  →お尻を振ってツイストをしている

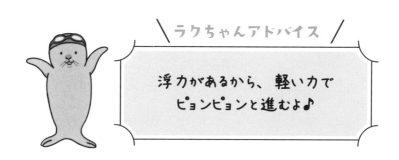

ラクちゃんアドバイス

浮力があるから、軽い力で
ピョンピョンと進むよ♪

94

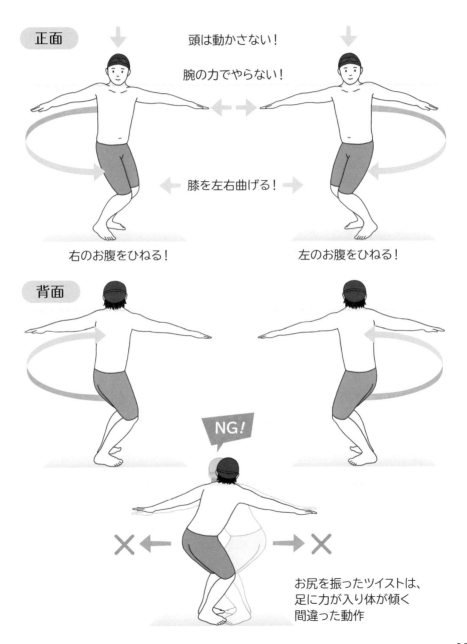

正面

頭は動かさない！

腕の力でやらない！

膝を左右曲げる！

右のお腹をひねる！　　　左のお腹をひねる！

背面

NG!

お尻を振ったツイストは、
足に力が入り体が傾く
間違った動作

プールの線を使って、まっすぐ歩けるかどうかやってみよう

ショルダー・ストレッチをしながらまっすぐ歩く

　運動をする前のストレッチで、誰もが一度はやったことがあると思いますが、このショルダー・ストレッチを正しくできない人がけっこういます。正しく行うことで、背中、肩後部、二の腕をしっかり伸ばすことができます。ショルダー・ストレッチを左右交互にしながら、線の上を歩きます。肩が上がっていると、まっすぐ歩けません。

　ショルダー・ストレッチが正しくできない人は、肩に力が入る泳ぎ方になってしまいます。正しくできているか、鏡で見て確認してみましょう。

チェック

・左右のどちらかに傾く
　→ストレッチしている肩が上がっている
・左右に大きくふらつく
　→猫背または反り腰になっている
　→頭が下がっている、アゴが上がっている
・ストレッチする方に行ってしまう
　→強く引っ張りすぎて体が傾いている

＼ ラクちゃんアドバイス ／

伸ばそうと引っ張りすぎないで、
気持ちの良いところで
止めてから歩こう

ショルダー・ストレッチ

まっすぐに立って、
肩の力を抜いてから行う
首が傾いていたり、
肩が上がっていないかチェックする

良い例

正しい肩の位置

❶肩を下げてから ❷横に引く！

悪い例

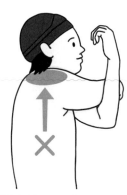

肩が上がってしまうと、
肩に力が入る

冷え性でも泳ごう

冷え性でプールに入ることが、積極的になれない人へ

「寒いのが苦手」、「プールは体が冷えそうだな」と、なかなか積極的になれない人をたくさん見てきました。

でもレッスン後には、体がポカポカして、寒いと思っていたことも忘れて、みなさん笑顔になります。

寒いのは苦手だけど、「泳ぐことで体質を改善したい」「ラクロールを泳いでみたい」と思って、この本を手に取ってくださったみなさんにお伝えしたいことがあります。

泳ぐ前にしっかり深呼吸をしてください。

プールサイドでも、水中でもOKです。

吸うときには、胸を開き、吐くときは、胸を縮める。

繰り返し行いながら、徐々に吸う・吐くを速くしていきます。

胸を開くときは、背中が寄ります。胸を縮めるときは、背中が丸まります。

背中の動きを意識することで、より深い深呼吸ができます。

大きな筋肉である、胸の筋肉、背中の筋肉を大きく、速く動かすことで、体が温まってきます。

プールで寒いなと感じたらぜひ、実践してみてください。

体を温める深呼吸4大ポイント

❶ 息を吸うときは、両手を180度以上開く

❷ 吐くことを意識する

❸ 吸う→背中を寄せる／吐く→背中を丸める

❹ 徐々に速く行う

第 7 章

プールで
練習してみよう！

水泳初心者のためのプールでの基本的なルール＆
グループレッスンについて

自分がしたい練習は、どのコース？など、
プールの基本的なルールを知ろう！
グループレッスンや個人レッスンがあります。
上達の近道は、楽しく続けられるかどうかですので、
ぜひ、基本的なことを知ったうえで、
スイムライフをエンジョイしてください。

レッスン 1 プールの基本的ルール

レッスン 2 休息について

レッスン 3 上達について

レッスン 4 水泳レッスンのあれこれ

レッスン 5 レッスン参加の心得

教わることが上達の近道♪

プールの基本的ルール

　スポーツジムのプール、市民プール、スイミングクラブのプールなど、施設によってある程度のルールがあります。

　プールのレーンにも決まりがあるので、自分の目的に合わせたレーンで、練習をしてください。

　プールにもよりますが、基本的に4種類のレーンがあります。

①初心者コース
②一方通行コース
③上級者コース
④フリー遊泳コース

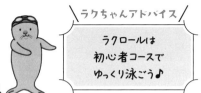

ラクちゃんアドバイス

ラクロールは
初心者コースで
ゆっくり泳ごう♪

　ラクロールでゆっくり泳ぐなら、上級者コース以外で泳ぐのが良いでしょう。

　上級者コースでももちろん問題はないですが、上級者コースは、速く泳ぐ人を優先するという暗黙のルールがあります。

　せっかくゆっくり泳ぐ練習をしているのに、突然、後ろから速い人に追いつかれると、焦ってしまいます。

　初心者は、手足を早く動かしても抵抗が大きくなるだけで、あまりスピードが上がりません。

　速く泳げる人は、前を泳いでいる人に、速く泳いでほしいとは思っていません。どちらかというと先に泳がせてほしいと思ってます。

　ですので、もし25mたどり着いたときに、後ろにギリギリまで追いついている人がいたら、先に泳いでもらいましょう。

レッスン 2 休息について

　プールで体が軽くなり気分も良いと、ついつい夢中になって長時間泳いでしまうことがあります。

　水泳では、自分がどれだけ汗をかいているのか分からないので、こまめな水分補給が大切です。

　水泳は全身運動なので、プールから上がったとたんに体が重たくなるのを感じ、疲れていたことに気づくことがあります。

　どの施設でも、規則として休憩時間があるので、しっかり休息をとりましょう。長く休憩する場合は、歩行コース、ジャグジーやプールサイドなどで休憩しましょう。

　一人で休憩するときは、プールの中の角にいても邪魔になりませんが、数人でおしゃべりをしながらの休憩は、泳いでいる人のターンの迷惑になりますので、プールから上がって休憩しましょう。

レッスン 3 上達について

　まわりを見て、上手な人をお手本にしても良いのですが、水泳歴や運動能力は人によって違います。

　大切なのは自分が楽しく続けられるかどうかです。

　今日も楽しくラクに泳げたかな？ 次も楽しく泳ぎたいな！ という気持ちで練習を続けていくことで、力を抜いて泳ぐラクロールが身についていきます。

レッスン 4 水泳レッスンのあれこれ

　もっと水泳を楽しみたい・学びたいという人は、スポーツクラブなどで行われているグループレッスンを受けてみるのも良いでしょう。

　いくつになってもチャレンジ精神は大切です。プロに教わることで、泳ぎの幅が広がります。

　グループレッスンを受けたことがない人は、ぜひ下記を参考にしてください。グループレッスンは、大きく分けて2つあります。

①スポーツクラブなどの会費を支払うと 無料のグループレッスンに参加できるシステム

　人数制限がない場合があり、参加者が多いことがあります。上手な人も参加していることがあるので、上手な人のお手本を多く見ることができます。もちろんコーチのお手本が一番良いですが、自分と同じぐらいの年齢・体格・性別の人がどのように泳いでいるかを参考にできるメリットもあります。

　デメリットとしては参加人数が多いと、コーチからのアドバイスが充分に受けられない、泳ぐ量も少ないことが挙げられます。

　また、自分が苦手・教えてほしいポイントを教えてくれるレッスンかどうかは、そのときに参加してみないとわからないことがあります。

②会費とは別に参加費が必要な少人数制グループレッスン （有料レッスン・有料スクールなど）

　少人数なのでコーチからアドバイスを受けることが多くなります。

　クラスのレベル・対象の設定によりますが、無料のグループレッスンより泳ぐ量は増えます。

　また泳力レベル・泳法・内容が決まっているので、自分が知りたいことと合えば、レベルアップの早道になります。

　参加者もある程度同じレベルなので共感しやすく、いろいろと参考になることもあります。

　会費とは別に参加費がかかるので、参加費と見合うかどうかを検討する必要はあります。

　よく心配されるのが、自分のレベルと合っていなかった場合、他の参加者に迷惑がかからないかどうか、です。でも、そんなことは心配しないでください。はじめから上手な人はいません。

　参加者のなかで自分よりずっと上手な人にも、スタート時期があります。誰もが、同じような経験をしていまがあります。

　コーチはもちろん、他の参加者も同じです。

　何回休憩しても、泳いでいる途中で何回立っても、なんの問題もありません。

　水泳を愛する参加者は、みんな温かい気持ちで見守ってくれます。

プールに入れば、
みんな仲間だよ！
楽しく泳げればみんなハッピー♪

レッスン 5 レッスン参加の心得

レッスン前に準備運動をしよう

　レッスン開始ギリギリに駆け込んで参加される人が、たまにいますが、いきなり泳ごうとしても、体は硬直していてうまく泳げません。

　足がつることもあるので、レッスン開始10分前を目安に、歩いたり、ストレッチしたり、ゆっくり泳いだりしながらしっかりと準備運動しましょう。

時間厳守で、トイレはひと声かけて

　レッスンがすでに始まっているのに参加しようとするのはマナー違反です。

　クラブによっては途中入場・退出を禁止にしているところもあります。

　もちろん途中でトイレに行くのは問題ありません。しかし、黙って急にいなくなるとコーチや周りの参加者が心配するので、トイレでも休憩でもプールを出るときは、ひと声かけてからプールを出ましょう。

事前に体調を伝えよう

　良いレッスンとは、教える側と受ける側との健全なコミュニケーションがあってこそです。

　どこかに痛みがある・リハビリ中など、少しでも体調の不安がある場合は、レッスン前にコーチに伝えておきましょう。

　何かあってからでは遅いですし、具体的なアドバイスをもらえることもあります。

水温について

　なぜプールの水が体温よりも低く設定されているのでしょうか。

　規定では22℃以上で、おおよそ、室内25mプール　29〜31℃／室内50mプール　25〜28℃／屋外プール　26〜30℃となっています。

　ちなみに、ジャグジー36〜38℃／お風呂40〜41℃です。
ジャグジー・お風呂以外は、体温より低い温度なので、体温が奪われていきます。

　水中の熱伝導率は空中の熱伝導率の約27倍と言われています。

　体に水滴がついたまま陸上にいると、プールに入っているときより寒く感じるのは、汗と同じ原理で、体についた水滴が体温を奪い、さらに、水滴の蒸発とともに気化熱を奪うので、想像以上に寒く感じます。寒さが苦手な人は、プールから上がったらすぐに、タオルで水滴をよく拭くと良いでしょう。

　では、なぜプールの温度を体温ぐらいにしないのでしょう。それにはこんなわけがあります。
泳ぐことで体の中の熱が高まります。水温が体温より低くないと体熱が放散されず、のぼせたような状態になります。この状態で運動を継続することはできません。

　そのため、水温は30度前後に設定されています。

　泳ぐ前にプールの水温を知っておくことで、準備運動を多めにして体温を上げておくなどの対処ができます。

　体温が低い方は、事前の準備運動と深呼吸をしてから、プールに入りましょう。

「僕と水泳 その5」

　もっとうまく泳ぎたい人、もっとラクに楽しく水泳を楽しみたいと思っている人たちを教えたい一心で、依頼がきたものすべてを受けていきました。スケジュールをできるだけ細かく変更し、朝から晩までレッスンに入り、年末年始以外は休み無しで、プールに入る毎日でした。

　そんなことをしているとあっという間にレッスン時間の限界がきてしまい、クラブスタッフさんに、受け入れる時間がありませんと伝えると、「まだまだレッスンを受けたいというお客様がいるので、同じ指導をできる人を紹介してほしい」とクラブ側から相談されるようになりました。

　しかし当時はまだ、僕の指導法を完全に教えられるインストラクターはいませんでした。ある程度は教えられるインストラクターを紹介してもうまくいかず、クラブ側で断られてしまいました。

　この問題を解決すべく、インストラクター斡旋事業をする会社『株式会社SCALE』を立ち上げました。株式会社SCALEは、僕の指導理念を理解した、人間的にも、技術的にも安心できるインストラクターをクラブへ紹介する会社です。賛同して頂ける企業様・協力して頂けるインストラクターの皆様、そしてなにより、ラクに泳ぐことに共感してくれるお客様に支えられ、おかげさまで大きく発展を続けています。

　僕は指導歴26年・水泳歴42年になりましたが、いまでも変わらず泳ぐことが大好きです。毎日、プールに入ってレッスンすることが楽しくて仕方ありません。生徒さんが楽しんで泳ぐ姿・笑顔が大好きです。その笑顔を見るたびに、もっともっとこの笑顔を増やしたい！　水泳を楽しむ人たちを増やしたい、そのために、ラクロールをもっと普及させていきたいと泳ぐ日々です。

第 8 章

ラクロールの可能性は無限大

さまざまなスポーツに応用しよう。
トライアスロンからゴルフまで

競技スポーツで良いパフォーマンスを出すには、
効率の良い筋肉の使い方や、姿勢が重要です。
ラクロールは、正しい姿勢と力を抜いた動作が身につくので、
他のスポーツに活かすことができます。

水泳は全身運動!
体幹も鍛えられるよ♪

レッスン 1 トライアスロンに活かす ラクロール

トライアスロンとは

　【はじめに】で少し触れましたが、ラクロールを競技スポーツで最初に活かすことができたのは、トライアスロンでした。

　オリンピックの競技種目でもあるトライアスロンとは、【水泳】【自転車】【長距離走】の3種目を連続して行い順位を決める競技スポーツです。

　オリンピックの規定では、スイム1.5km、バイク40km、ラン10km、合計51.5kmの距離を競います。

　他の大会であっても水泳の距離が、バイクやランより長くなることはありません。

　しかし、最低でも1km前後、長い距離では数kmを海や湖での自然環境で泳がなければなりません。

　波の影響を受けて泳ぐため、命の危険も高いのが、トライアスロンのスイムです。

　また水着ではなくウエットスーツを着用するため、格段に動きづらく、コースロープもないなか大勢が一緒になって長距離を泳ぎます。

トライアスロンでの泳ぎ方を指導する

　初めてのレッスンでは、4名の水泳初心者を指導することになりました。

　水泳が得意な人、少し苦手な人と、4人それぞれの泳力が違うなか、トライアスロンという特殊な環境下で全員の泳力向上を目指していかなければなりません。

　全員がガンガン泳げるグループであれば、競技性を考えて長距離をどんどん泳いでもらう指導で良いのですが、水泳があまり得意でない人には、いきなり長距離を泳いでくださいという指導はできません。

　水泳が得意な人もそうでない人も、メンバー全員が満足できる、トライアスロン競技で必要な技術の習得と泳力アップを考えました。

　まずはスピードより、750m（指導時の大会の距離）を完泳することを目標としました。トライアスロンは、完泳できなければ、次のバイク、ランができません。そのために、ゆっくりでも750m泳げるようにラクに息継ぎができる指導をしました。

ウサギとカメのはなし

　初心者は、どうしても初めから速いスピードで泳いでしまい、後半は息切れをして減速してしまいます。

　息切れを起こすとフォームが崩れ、スピードも出ず焦りも加わり余計に苦しくなります。

　ある程度しっかり泳げる人であっても、やはり最初から速いペースで泳いでしまい、後半減速する傾向にあります。

　そういった傾向を踏まえ、息継ぎの方法と心拍が上がらない方法を徹底的に練習してもらいました。

　結果、25mしか泳げなかった人が、750mを泳げるようになり、必然的にスピードも上がっていきました。

　ラクロールの泳法を教えたことで、今まで身についていた短距離泳法から長距離泳法に変わり、全員が同じペースで泳げるようになりました。

　自分の体力に合ったペースで長距離を泳げるようになると心に余裕もうまれ、全体的なスピードが上がっていきます。

　『ウサギとカメ』の童話にもあるように、ウサギのように最初から飛ばして泳いで先行していても、短距離泳法では必ず後半に失速していきます。

　カメのように、ラクロールで自分のペースを保ちながら泳ぐことで、結果的に先行者に追いつき、追い越すこともできるようになるのです。

高齢者も競技者も

　トライアスロンでは、スイムが得意だからと全力で泳いでしまう人は、運動時間も距離も長いそのあとのバイクとランが、かなりきつくなります。

　競技の特性を考えれば、体力の配分はかなり重要です。

　得意種目がバイクやランならば、その2つにどれだけ体力を残せるのかが、勝ちにつながります。

　スイムが得意な人であれば、ラクロールで体力を温存しながらできるだけ差を広げ、そのあとのレースを優位に進めることができるでしょう。

　ラクロールは、トライアスロンなどスピードと持久力を高い次元で競うレースにおいても求められる泳法なのです。

　それでいて、高齢者にも教えている体を痛めないラクロールと、トライアスロン初心者に教える泳ぎの根本は一緒なのです。

　速いだけでなく、より長く安全に泳ぐという競泳において、ラクロールは今後さらに進化し、広まっていくことは間違いないでしょう。

どこまでも泳げるようになる
ラクロールは、もはや人類の進化と
言っていいのでは?

体験談 1 ラクロールでトライアスロン Nさんのおはなし

ラクロールとの出会い

　小さい頃に水泳は習っていましたが、大人になってから泳ぐことはほとんどありませんでした。

　ひょんなことからトライアスロンを始めることになり、まずは最も苦手意識のあるスイムを練習することにしました。

　トライアスロンクラブの練習では、スイム練習の半分ぐらいできつくなり、あとはずっとプールサイドに上がって休んでいる状態で、情けない始末でした。

　その後も一生懸命に練習をするのですが、苦しいばかりの練習で、なかなか思うような上達はしませんでした。

　そんなときに、そのトライアスロンクラブの基礎スイムの担当として、馬場コーチのレッスンを受けることになりました。

　初めて見る馬場コーチの水中での動きは、完全に水に身を委ねていて、まるでジュゴンのように優雅にゆったりとしていました。どうしたら人間が水の中でこのような動きができるのか、とても驚きでした。

　さらに馬場コーチのレッスンは、いつも不思議な動きを最初にやらされ、戸惑うばかりでした。

　しかし、それが実はラクに泳ぐことにつながる事を知ると、水泳が途端に面白くなりました！

　レッスンを受けていくと、まずは呼吸がラクになり、泳ぐのがラクになり、そしていつのまにか海を4キロ泳ぐことが、準備運動みたいな感覚で泳げるようになりました。

　最初の自分と比べたら、本当に信じられないくらいスイム
に自信が持てるようになりました。

　私のトライアスロンデビューは、オリンピックディスタン
スというスイム1.5km、バイク40km、ラン10kmでした。

　その1年後に、宮古島ストロングマンという大会では、ス
イム（海）3km、バイク157km、そして、残りのランは、フ
ルマラソン（42.195km）を走りました。

　そんな Long distance（ロング ディスタンス）と言われ
る距離を8年間で、11本やってきました。

　ここまで、トライアスロンに夢中になれたのも、そして、
怪我することもなく、過酷なレースに何度も挑戦できている
のは、間違いなく馬場コーチのスイムの教えのおかげです。

　それがなければ、今の私はないと言っても過言ではありま
せん。

　ぜひ、すべての泳げない人、また泳げるけど疲れる人に、
ラクロールを覚えてほしいです。

　ラクロールが泳げるようになれば、泳ぐことがどんどん楽
しくなって思考もポジティブになり、いろいろなことに挑戦
する意欲も出ると思います。

　そして、できればぜひ、馬場コーチのレッスン受けていた
だきたいと思っています。

ゴルフと水泳の両方を楽しむ Hさんのおはなし

ラクロールはゴルフに活かせる

　私は、50歳を過ぎてからゴルフを始め、ゴルフ歴15年になります。

　水泳も大好きで、馬場コーチのレッスンを12年も受けています。

　馬場コーチが教えてくれる、「手足に力を入れない」、「お腹だけに力を入れる」というスイムは、ゴルフでのクラブを振り子のように力まず動かす脱力感とぴったり合います。

　ゴルフでは腰が回転しないと手打ちになってしまい、ラクロールではローリングができません。

　ゴルフスイングの切り返しと、ラクロールの呼吸した後に腕の力を抜いて腰を回転させる動作は、同じ動きだと思います。

　体幹をキープすると言っても外側の筋肉を使うのではなく、インナーの筋肉を固めずに呼吸と共に使う意識を持つところもゴルフと共通していて、スイムの練習が役に立っています。

　体幹のキープは難しいけれども続けていけば、姿勢も良くなり若々しく見えると思っています。

　馬場コーチのレッスンで、ゴルフもスイムも楽しく上達していけるので、これからも両方とも続けていこうと思っています。

第 9 章

水泳愛好者の
みなさまへ

馬場コーチの
プライベートレッスンとは？

馬場オリジナル・プライベートレッスンの全容
7つのレッスン事例

❶ 水が怖くて泳げない人を泳げるようにしたレッスン

❷ 膝が痛い人を痛みなく泳げるようにしたレッスン

❸ 変形性膝関節症で歩くのも困難な人へのレッスン

❹ ひどい肩こりで痛みもある人へのレッスン

❺ 股関節の手術後、膝が痛くなってきた人へのレッスン

❻ ひどい冷え症の人が楽しく泳げるようになるレッスン

❼ 海のレッスン　オープンウォーター　トライアスロン

一般社団法人日本ラクロールスイム協会

馬場オリジナル・プライベート レッスンの全容

　私の提供する個人レッスンは、泳ぎ方を教えるだけではありません。例えば、腰痛を治したい、膝痛を治したい、という人を水泳で改善させることも個人レッスンで行っています。陸上トレーニングは一切せず、レッスン中のストレッチもすべてプールの中で行います。

泳法で教えられること
- 4種目（クロール・平泳ぎ・背泳ぎ・バタフライ）
　ラクロールだけでなく、スプリント用の4種もレッスン可
- クロール息継ぎの改善または、左右が同じようにできるようにする
- 長距離スイミング（長くゆっくり泳げるようにする）
- 背泳ぎで鼻に水が入らないようにする
- 腰痛でもバタフライが泳げるようになる
- 膝・股関節が痛くても平泳ぎが泳げるようになる
- バタ足で足がつらないようになる

マンツーマンだから、
遠慮もいらないし、できるまで
しっかり教えてもらえるね！

リハビリ・健康改善

・腰痛・膝痛・股関節痛・肩こり（肩痛）
・手術後のリハビリ運動
・姿勢矯正（猫背・反り腰・出っ尻）
・冷え性改善
・ダイエット

その他

・水恐怖症の克服（泳げるようになるまで）
・孫とプールで一緒に泳ぎたい（高齢者向けのスイム）
・トライアスロンスイム
・マスターズ大会でベストタイムを出したい

　個人レッスンは、その人の要望に応えられるように全てその人専用にカスタマイズしています。
　次のページでは、実際にプライベートレッスンを受けた人のおはなしをいくつか紹介します。

泳げるようになるだけじゃない
レッスンってすごいよね！
楽しくわかりやすく教えてくれる
馬場コーチのレッスンを
受けてみたくなるよね！

① 水が怖くて泳げない人を 泳げるようにしたレッスン

　顔をプールに入れるのも怖く、まったく泳いだことがない70代の女性がいらっしゃいました。

　その人は、他の初心者グループレッスンに参加したときは、水中を歩くだけで精いっぱいだったそうです。

　どうしても泳げるようになりたい一心で、私のプライベートレッスンを受けることになりました。

　はじめは、プールを歩くのも怖いようで、プールサイドの壁をつかみながら歩きました。初めてのスケートで壁を伝って歩くような感じです。

　そこから、壁から離れて歩く練習を行うのですが、それでも、ほぼ私と手をつなぎながらでした。

　手をつなぎながら歩けるようになったら、次に前のページでも紹介しているウォーキングを行いました。

　最初は、ニーアップ（p78）、レッグカール（p84）、次に、水の抵抗を増やす、フロントキック（p86）、クロスニーアップ（p82）、クロスキック（p88）と続き、抵抗をかけても平気になってきたら、ダブルニーアップ（p80）と、水に慣れる段階を細かくして、恐怖心を取り除いていきました。

　プールでウォーキングをたくさんすると、自然に顔に水がかかったり、意図せず潜ってしまうこともあります。

　これを繰り返しながら、どこかを触っている状態だったら、自分で水の中に顔を入れたり、潜ったりすることができるようになりました。

　潜れるようになったら、けのび→バタ足→クロールと軽い補助だけで順にできるようになっていきました。

　私の手が体のどこかを触っているだけの状態で、クロールが25m泳げるようになりました。

　ただ私が触れている（補助ではなく）ので、完全に一人で泳げたことにはなりません。

　でもここまでくればあとは、自転車に乗る練習と同じように、『ちゃんと持ってますから大丈夫ですよ！』と、声をかけ安心させて、少しずつ触らない時間を長くしていくことで、泳げるようになりました。

　週1回30分のプライベートレッスンでしたので、1年ぐらいかかりましたが、短いレッスン時間であっても、その人に合ったレッスンを組み立てていくことで、70歳という年齢から水泳を始めても泳げるようになります。

　水泳は、体に負担の少ない全身運動なので、何歳で初めても、無理なく継続してできるスポーツです。

馬場コーチのレッスンだったら、
どんな人でも
泳げるようになるんだね！

② 膝が痛い人を痛みなく 泳げるようにしたレッスン

　お医者さんに診てもらっても原因が分からない膝痛を抱えた70代の女性が、お医者さんに太ももの筋肉を鍛えるトレーニングを勧められ、私のプライベートレッスンを受けに来られました。

　その人は、お医者さんからは、太ももの筋肉を鍛えることで症状が和らぐかもしれないと言われ、最初はジムに通っていたそうですが、あまり効果がなかったとのこと。

　ジムでの筋トレよりまず、痛みが出ない歩き方のトレーニングをしようと考え、一番負担のかからないプールだったら大丈夫だろうと思ったそうです。

　膝痛は歩き方に原因があることが多いので、プールの下の線を歩いてもらうことから始めました。

　歩いてもらうと、左右にフラフラとしてしまいまっすぐ歩くことができませんでした。

　その原因は、つま先が両方とも外側を向いたガニ股歩きにありました。姿勢も反り腰だったので、まずは、正しい姿勢にするためのウォーキングエクササイズをしてもらいました。

　肩まで水に入り中腰の姿勢になると、お尻が後ろに出るポーズになってしまいます。

　中腰の姿勢は、膝を曲げないとできないので、ガニ股の人でも膝が曲がることによって自然と膝が前を向きます。

　更に膝を閉じることで、下腹部に力が入り、後ろに出ていたお尻が前にスライドします。

　この中腰の姿勢で歩く→普通に歩く。これを繰り返し行い、姿勢と足の動きを覚えてもらいました。

　次に、この動作を仰向けで浮いた状態から、バタ足（背泳ぎのバタ足）をしてもらいます。

　バタ足は、下腹部に力を入れたまま足を交互に動かして足が開かないようにゆっくり行い、バタ足の動きを覚えてもらいました。

　最後に、このバタ足動作を下向きにしてクロールに変更することで、25mクロールが完成しました。

　バタ足は、ももの内側の筋肉を使い膝が開かないようにすることで、膝に痛みが出なくなりました。また、反り腰にならないように下腹部を使うことも意識してトレーニングを続けてもらいました。

　結果、水中ウォーキングとラクロールの練習で、膝の痛みがなくなりました。

　この人のプライベートレッスンは、月2回30分。さらに、週1回グループスイムレッスン、週1回アクアビクスと、とても熱心にトレーニングをされていました。

　膝の痛みに関しては、1ヵ月ぐらいでなくなり、歩き方は、泳ぎ方の習得もあわせて練習していたので1年ぐらいで、ガニ股から正常な歩き方になりました。おそらく、ジムトレーニングではここまで早く改善することはなかったのではと思います。高齢で膝が痛い人は、過度な筋トレができない場合が多く、できるトレーニングが限られてしまいます。水泳だからこそ、無理なく続けることができたのだと思います。

③ 変形性膝関節症で 歩くのも困難な人へのレッスン

　両膝を痛めていて、痛みをかばって歩くうち股関節も痛くなり歩くのも困難になってしまった70代の女性がいらっしゃいました。

　その人の希望は、普通に歩けるようになりたいのはもちろん、泳ぎ方も教えてほしいということでした。

　歩くことも困難な状態というのがどれくらいかと言うと、プールに入る際の階段の上り下りが、体を横向きにしないとできないほどでした。

　歩行が困難な場合、溺れる危険性が高く、レッスンはとても慎重にしなければなりません。

　幸いにも水が恐い人ではなかったので、プライベートレッスンであれば問題ないと判断しました。

　水中でのメリットは何と言っても、重力が10%程度になることです。

　膝にかかる負担は、地上に比べてほぼないに等しいので、膝が痛くなるかもという不安がなくなります。

　痛みという心理的ストレスから解放されるだけでも、その人にとっては大きな一歩になります。

　不安なくトレーニングを始められることで、体の緊張もほぐれていきます。体の緊張がとれることで、体は元に戻ろうとしトレーニング効果もアップしていきます。

　この状態になれば、後はその人にあったトレーニングを無理なく続けていけます。

　歩くのも困難な足の状態をまずは元に戻すためのレッスンを開始しました。

　最初はリラックスした状態から、【浮く（けのび）→立つ】

　これを繰り返しやってもらいました。浮いた状態から、自分で立つことができないと、溺れてしまうからです。

　泳げない人の特有な立ち方として、浮いた状態から急いで顔を先に上げて立とうとします。

　すぐに足がつく場所であれば問題ないのですが、ちょっと深い場所でそれをすると、足が届かなくアップアップしてしまいます。

　足を床につける→顔を上げる。

　この順番がとても重要なので、繰り返しできるまでやってもらいました。

　先に顔を上げる動作をすると、水泳初心者はほぼ反り腰になり、下腹部を使って膝を曲げたり伸ばしたりができません。

　顔を上げるより先に足を床につけるには、下腹部を使わないと足が下りないので、足を床につける→顔を上げる。この動作を繰り返すことで、下腹部を使った足のトレーニングになります。

　はじめは片足ずつしか出なかったのですが、徐々に両足同時に下ろすことができるようになりました。

　これに合わせて、ニーアップでのウォーキングを繰り返しました。

　半年ぐらいかかりましたが階段の上り下りが普通にできるようになり、けのび→ローリング→クロールで泳げるようになりました。その後は、通常のグループレッスンにも参加できるようにまでなりました。

④ ひどい肩こりで 痛みもある人へのレッスン

　長年のデスクワークで、肩こりがひどく痛みもある60代の女性がいらっしゃいました。

　レッスン当初から、左右で呼吸をするクロールを教えていましたが、肩に痛みがあり腕の回しが左右非対称で、バランスがとれないクロールでした。

　右側呼吸はできるのですが、左側呼吸は無意識に肩をかばっているようで、首だけを回してしまい、ローリングができていませんでした。

　肩痛をそのままにしているとフォームの修正ができません。まずは肩のストレッチをしてもらうことにしました。

　ストレッチをすると痛みをかばうように肩を上げていたので、肩の上げ下げ動作をしてもらい、正しい肩の上げ下げができるようになってから、肩のストレッチができるようにしました。

　肩が正しい位置で動くようになったので、次は首の動かし方が正常にできるかどうかを確認しました。

　肩の痛みがなくなったことで、首の動かし方も正常になりました。次に、泳ぎながらストレッチができる、エルボー・ラクロールとクロス・ラクロールでストレッチ・スイムを行いました。

　このトレーニング1回で、肩の痛みとコリが解消し、左右のバランスが改善され、スムーズなラクロールが泳げるようになりました。

　肩の動かし方を改善するだけで、肩痛が解消され、首の動きもスムーズになり、結果的に泳ぎのバランスも良くなります。

股関節の手術後、
膝が痛くなってきた人のレッスン

　リハビリには水泳が良いからと、スイミングスクールに通う人も多いのですが、グループレッスンでは、個人指導がほとんどできないので、リハビリにはなりません。

　また、私が知る限り、リハビリのための具体的なスイム指導ができる水泳コーチは少ないのです。

　そういった現状からか、リハビリを指導してくれる水泳コーチを探していた60代の女性が、私のところにレッスンを受けに来てくれました。

　股関節の手術をされていて、手術後、膝に痛みが出てきたそうで、足に不安を抱えた状態でした。

　おそらく、股関節をかばうように歩いていた影響で、膝に大きな負担がかかってしまったと思われます。手術後しばらくは病院のリハビリを受けますが、ある程度歩けるようになるとそこからは、プロのスポーツ選手でない限り、後は自分でトレーニングをしなければなりません。しかし、一人で頑張っても限界があり、素人が正しい動きができているかどうかを判断するのは難しいのです。

　膝の痛みを取るためには、正しい姿勢で歩くことが大切なので、水中ストレッチ、水中ウォーキングを中心に行っていき、30分のレッスンの中で、スイムは10分程度でした。

　1年で膝の痛みがなくなりました。足の不安が解消されたことで、スイムにも自信がつき、クロール・平泳ぎ、背泳ぎ・バタフライの4泳法を習得されました。

　正しい動きができれば、股関節の手術をした人でも、平泳ぎやバタフライも不安なく泳げるようになります。

⑥ ひどい冷え症の人が 楽しく泳げるようになるレッスン

　体調不良で数か月間レッスンを休んでいた70代の女性が
いらっしゃいました。

　レッスンが受けられるぐらいまで回復したということで,
いざプールに入ると、いままでは寒いと思ったことがなかっ
たのに、寒くて泳ぐことができなくなっていました。

　長期間、体を動かしていなかったので体力も筋肉も以前よ
り落ちていたことが原因でした。休む前はしっかり泳げてい
たのですが、以前と比べ背中と腹筋の力が格段に落ちていま
した。

　プールで寒い人は、体を丸め縮こまる姿勢になります。こ
の姿勢からでは、正しい泳ぎができません。

　まずは、下腹部を使える姿勢にするために、①ニーアップ、
②ダブルニーアップ、続けて胸のストレッチをしながら①②
をしてもらいました。

　次に、ヒジを後ろに引き肩甲骨を寄せる背中を動かすスト
レッチで、体温を上げていきます。深呼吸をしながら、背中
を大きく動かすと体が温まってくるので続けて、バタ足を
行ってもらいました。

　プールで体を無理なく温めるには、下腹部に緊張を残し、
胸＆背中を軽く動かすのがポイントです。

　いきなりクロールで泳いで体を温めようとしても、腕に頼
る動きで肩に力が入り、肩周辺の筋肉だけを使い、全身を効
率よく温められません。

　動けるようになってから、クロール・平泳ぎ・背泳ぎを混
ぜながら水中ウォーキングを行い、月4回30分のプライベー
トレッスンを2か月続けることで、プールで冷えない以前の
健康な体質に改善しました。

寒いのが苦手な人はやってみよ〜♪
プールに入る前の寒さ対策!!!

プールに入る前

- 温かい飲み物を飲む（飲みすぎるとトイレに行きたくなるので注意）
- 温かいシャワーを浴びる
- プールサイドで準備体操・軽い運動をする

プールに入ったら

- 呼吸を意識した水中運動をする（ボビングなど）
  呼吸は息を吐くことを意識する
  ①強く吐く　②たくさん吐く　③速く吐く
  ①〜③を繰り返しやってみる
- 動作に合わせて吐く・力を入れるときに吐く

プールから出た後の対策

- プールサイドに上がったらすぐ体をふく
- プールサイドに上着を用意する
- 温かいシャワーを浴びる
- ジャグジーに入る
- お風呂に入る

⑦ 海のレッスン

オープンウォーター　トライアスロン

私は元々短距離50m・100mクロールの選手でした。スプリンターのスイムが得意でしたが、オープンウォータースイミングをはじめるにあたり、長距離泳法に変えることからはじめました。

オープンウォータースイミングとは、海や湖、川など自然環境の中で長い距離を泳ぐ競技です。

波・風・水温・水質など自然の影響を受けながら泳ぐので、室内のプールとは違う技術と知識が必要となります。

オープンウォータースイミングのレースに初めて参加したときは、海での1500mに参加しました。

もちろん泳ぎには自信がありましたし、1500mぐらい余裕で泳げます。

しかし、短距離泳専門だった私には、競技での1500mのペース配分が分かりませんでした。

いつものような泳ぎで、最初から速いペースで泳いでしまい、後半は失速してしまいました。

それでも、2位で浜辺から上がりゴール目前！　後数メールでゴールというところで、キックを使い過ぎていたのか足がもつれ、3位になってしまいました。

このときの悔しさといったら…、単純に泳ぎでは勝ってたのに！

こんな悔しい体験から、海を長距離で泳ぐ楽しさにはまり、年に3レースほど参加するようになりました。

いまのところ、最長距離レースは、5000mです。

プールでは10000mは泳げますが、まだまだ練習不足だと痛感しています。

　ではここから、私が海で行うレッスンを紹介します。

　海の練習会は、毎年、4月から11月までの期間に月1回実施しています。

　4・5月は、気温・水温も低いので日中開催、6月以降は、午前中開催になります。

　私のレッスンは、トライアスロン／オープンウォータースイミングなど競技とは関係なく、海を泳ぐことが好きな人を対象にしています。クロールで泳がなくても良いという考えで、安全かつラクに泳げ、さらにレースにも応用できる内容です。

　メインの対象者はどちらかというと、海で泳ぐことが初めての人、または、久しぶりに泳ぐ人、まだ海に慣れてないが、安全に楽しく泳いでみたいという人になります。

　オープンウォーターでトップをとりましょう！　ガッツリ泳ぎましょう！というより、まずは、海に慣れましょう。というレッスンです。

　安全性を考慮し少人数制で、事前に泳力を把握できる人のみの参加で実施しています。

　レッスンをする海は、遠浅で足がつく場所にしています。海で泳ぐ練習をするのが初めてという人でも安心して参加できます。

　私は、プールの泳ぎ方も海の泳ぎ方も一緒であると考えています。

　海だから泳ぎ方を変えるのではなく、ラクロールの泳ぎ方が、オープンウォーターにも適しているからです。

　泳ぎ方が同じなので、わざわざ海に行って泳ぎ方の練習をしなくても良いのです。プールでラクロールをしっかりと練

習して、ラクに長距離を泳げるようになれば、海でも同じように泳げます。

　ラクロールが身につけば、実際に海で泳いでみて波や水温、ウエットスーツの感覚を掴むことに集中できます。

　あとは、目標の距離を泳ぐための指導をします。これが、私のオープンウォーターレッスンの基本的な考え方です。

レースで大切なこと

　次に大切なのは、オープンウォータースイムでのペース配分です。初心者は、前半なるべく体力を温存して、後半にスピードを上げられるようにします。

　なぜなら、レースでは足のつかない場所がほとんどなので、途中で立って休憩できません。レース途中で体力が限界になってしまうと溺れる危険性があります。

　さらにコースロープもないので、まっすぐ泳ぐことが難しく他の泳者とぶつかることもあります。

　故意でなくとも、たたかれる。蹴られる。掴まれる。など室内プールの競泳では起きないようなことが発生するため、想像以上に気力と体力を使います。

　また海での折り返しは、ブイの周りを迂回するようにターンするため、カーブする泳ぎが苦手な人は、体力を消耗します。

　以上を考慮し、ある程度泳げる人であっても、オープンウォーター初心者は、前半は体力を使わないようスピードを抑えるように指導します。

海を理解してもらう

　レースには制限タイムがあるので、制限時間より早く、なるべく順位があがるようスピードを上げる練習もします。

　海で泳ぐと、潮の流れや波の方向、うねりなどがあるため、泳いでいて気持ち悪くなることもあります。

　強い波に逆らって泳いでも、人間の力では戻されてしまいます。逆に波に乗ることができれば、波の勢いを利用し体力をセーブしながら泳げます。

　海の特徴を理解してもらい、自分が参加するレースの海の状態から、一番良い泳ぎができるようになることも指導するうえで大切な要素です。

　もちろん初心者は、すべての状況をとらえて判断し、速く泳げるようには簡単にはいかないので、どのタイミングでスピードを上げるのか、どのシチュエーションでスピードの強弱をつけるのかを海で練習してもらいます。

技術の習得
①ヘッドアップ泳法

　前方左右の確認のため、水面から顔を上げて泳ぐテクニックです。

　ラクロールの基本姿勢は、頭が水中から出ている泳ぎ方です。頭が水中から出ているので、そこから顔を出す、小さな動作で確認できます。

　通常クロールでは、ヘッドダウンの姿勢（下を見て泳ぐ）から顔を上げる動作になり、水の抵抗が強く負担が大きくなります。また、体が反ることにもつながります。

　クロールで前方確認が難しい人は、平泳ぎの息継ぎで前方確認する方が簡単です。

ただし、ウエットスーツを着ている場合の平泳ぎキックは、通常のキックより水面に近いところで蹴る形になり、スタートの密集地帯などでは配慮が必要です。

　顔をずっと上げている平泳ぎ（リゾート平泳ぎ）は、足が下がり、スピードは出ませんがラクに泳ぐことができます。

②ブイを回る技術の習得
　ブイを効率よく回るための技術を身につけてもらいます。

　効率よく回ることで、体力の消耗も少なくなります。

長時間続けて泳げる技術の習得
①レース中の休息方法
　自然環境下では、なにが起こるか想定することが難しく、思わぬことで体力を消耗します。

　そのとき、プールであれば立って休むことはできますが、海ではそうはいきません。

　そのために、レース中に休息をして体力の回復を待ち泳ぐ技術が必要になります。

②ウエットスーツの泳ぎ方
　トライアスロンは、ウエットスーツの着用が義務づけられています。スーツを着用することで体への負担を軽減する技術を習得してもらいます。

③気温に対応する
　寒いときは、低体温症、暑いときは、熱中症と、それぞれの対策を習得してもらいます。

　特に、寒さは泳ぎに大きな影響を及ぼします。たとえウエッ

トスーツを着ていても、水温が低い場合は、寒く感じます。

　そのため、寒さと海慣れを合わせて行える4月からレッスンを開始しています。

④リタイアする場合

　リタイアしたい場合は、どのようにするのかを教えます。

　無理をすると命の危険もあるので、正しい状況判断とリタイアする勇気もオープンウォーターでは大切です。

日常にもレッスンを取り入れましょう

　週1〜2回60分のレッスンだけで、簡単に身につくものではありません。もっと上手くなりたい、レースで結果を出したいという人は、日々の生活から意識を変えていくことが大切です。

　ぜひ、ラクロールの姿勢と呼吸を日常でも実践してください。【歩く・立つ・座る】この姿勢・動作が正しくできているでしょうか？

　呼吸は、動作のときにたくさん吐くことを常にしてください。

　できれば、深呼吸のスピードを速くするトレーニングもしてください。

　ランニングで、スピードを上げると息が上がりますよね。

　それと同じように、深呼吸でも、はじめは、大きく吐く・吸う。次は、強く吐く・吸う。更に速く吐く・吸う。という順で、スピードを上げて繰り返し続けると体が温かくなってきます。

　寒くなくても、これをプールでも海でもやってください。

　息が上がりにくくなり、スピードの維持につながります。

一般社団法人日本ラクロールスイム協会

　2023年5月より、一般社団法人日本ラクロールスイム協会を設立いたしました。泳ぐことが誰よりも好きな私ですが、この協会によってさらに多くの方々と一緒に、水泳の楽しさ、水泳による健康増進、水泳による社会貢献を行っていきたいと思っています。

　以下、活動の目的と内容になります。

設立目的

1）もっと楽に泳げる方法がある
2）水泳で体が痛くなるようなことをなくす
3）リハビリにも良い水泳
4）泳げない・水泳が嫌いをなくす
5）何歳でも何歳からでもできる水泳
6）目的や対象者にあった水泳
7）水泳インストラクターとして続けられるように
8）水泳インストラクターで生活できるように
9）水泳インストラクターを増やしたい
10）水泳インストラクターの指導技術・知識の向上

一般社団法人
日本ラクロール
スイム協会

Instagram
QRコード

@RAKUROLL

協会の活動内容

・水泳・水中運動の指導に関する事業
・水泳・水中運動の指導者育成及び資質向上に関する事業
・水泳・水中運動の講師派遣事業
・水泳・水中運動の普及促進を目的とした研修会・講習会の開催出版物の刊行
　に関する事業
・指導員の認定・指導員資格（ライセンス）の発行
・公共・民間フィットネス事業の受託
・水泳・水中運動に関する機関紙等の刊行物の発行
・水泳・水中運動に関する競技会、イベントの企画、運営及び実施
・水泳・水中運動に関する技術の調査研究
・水泳・水中運動関連グッズの企画販売

おわりに

　ラクロールは、いかがでしたか？　もちろん一朝一夕にはできません。できた。できない。を繰り返し、習得していくことになります。

　私は常に、「難しいからこそ探求することが楽しい」そう思って、水泳を探究してきました。

　最初は難しいと感じるかもしれませんが、できないことができるようになる過程も含めて、水泳を楽しんでほしいと思います。

　おそらく健康のために水泳を始めた人も少なくないでしょう。

　水泳をしていて痛めた場合は、その原因は姿勢にあります。普段の生活での体の痛みも姿勢に原因があると考えてください。

　共通するのは姿勢です。もしどこかに痛みがある人は、ラクロールの姿勢を身につけて日常生活の姿勢を意識してみてください。

　速く泳ぎたい人もラクに泳げないとスピードはいま以上に上がることは難しいでしょう。上がったとしても体を痛めます。この本に当てはまる部分がありましたら、自分の泳ぎを見直してみてください。

　またインストラクターの皆様にも参考にしてもらえたら嬉しいです。

　レッスンでは、若い人だけでなく、ご年配や持病がある人を教えることも多いかと思います。少しでも長く水泳を楽しむきっかけとなれば幸いです。

　いままでのクロールの認識を変えるラクロールで、皆様がいくつになっても楽しく水泳を続けていけるように願っています。

一般社団法人日本ラクロールスイム協会代表理事　馬場浩希

馬場浩希

1978年　東京都生まれ。水泳インストラクターとして、スイム指導歴26年。アクアビクス20年、パーソナル18年、スイムコアトレーニング13年の指導歴の中で自身の活動を発展させるために、スイミングスクール、フィットネスクラブをはじめとして、さまざまなスポーツ教室や学校などの要望に応じて、各分野の専門インストラクターを派遣する会社、株式会社SCALEを2014年に設立（代表取締役）。さらに、水泳のさらなる発展とリハビリなど機能改善を目的とした馬場オリジナルの泳法を広めるために一般社団法人日本ラクロールスイム協会を2023年5月に設立（代表理事）し、日本のみならず世界中の水泳愛好者へラクロールを伝える活動を展開中。

株式会社SCALE　https://scale-instructor.jp/
一般社団法人日本ラクロールスイム協会（Japan Rakuroll Swim Association）
https://rakuroll.com

◆保有資格◆
一般社団法人日本スイミングクラブ協会アクアフィットネス上級インストラクター
公益財団法人日本スポーツ協会公認水泳上級教師
公益財団法人日本水泳連盟　オープンウォータースイミング指導員

呼吸がラクに！ 体がラクに！ 心がラクに！
クロールがラクに泳げる! ラクロール

2023年8月31日　初版第1刷

著者　　馬場浩希
発行者　石川眞貴
発行所　株式会社じゃこめてい出版
　　　　〒214-0033
　　　　神奈川県川崎市多摩区東三田3-5-19
　　　　電話　044-385-2440
　　　　FAX　044-330-0406
　　　　https://jakometei.com/

編集・校正／株式会社じゃこめてい出版
装丁・本文デザイン／Kre Labo
イラスト／石川真來子（Kre Labo）
印刷・製本／株式会社上野印刷所